Das Tor zum Orient

öffnet sich vor den Düften, der Vielfalt und Buntheit der türkischen Küche. Wer ihre Köstlichkeiten einmal im Urlaub an der Küste, in Istanbul oder im Inneren des Landes genossen hat, möchte sicherlich all die feinen Vorspeisen, die vielseitigen Gemüse- und Lammgerichte zu Hause nachkochen und beim türkischen Mokka in Erinnerungen schwelgen. Die Rezepte dieses Buches machen es möglich.

Guten Appetit – Afiyet olsun!

Die Farbfotos gestalteten
Odette Teubner
und Kerstin Mosny.

INHALT

INHALT

Wo sich die Tische biegen

Die erste Begegnung mit der türkischen Küche erlebt man meist in einem Ferienort an der Küste – in einem Restaurant oder beim Abendbuffet des Hotels. Der Gast steht vor einer meist mehrere Meter langen Tafel, auf der sich unzählige Schüsseln und Platten mit Gemüsen und Salaten, Teig-, Fleisch- und Fischhappen, pikanten Pasten aus Käse, Joghurt, Kräutern und viele andere Köstlichkeiten aneinanderreihen. Es handelt sich hier jedoch lediglich um die Vorspeisen. In der Regel nicht weniger umfangreich ist das Angebot an Hauptspeisen und vor allem an Desserts, bei denen die Kunst der Verführung ihren Höhepunkt erreicht. Wer sich hier durchprobiert hat, setzt seine kulinarische Entdeckungsreise fort zu den kleinen, einfachen Lokalen mit Hausmannskost und zu den Kebap-Läden mit gegrillten Fleischspezialitäten, zum Muhallebici mit seinen Milch-, Geflügel- und Eierspeisen, zum Börekçi, dem Spezialisten für unterschiedlich gefüllte Teigpasteten, zum Işkembeci und seiner deftigen Kuttel- und Lammhaxensuppe, um schließlich bei der einfachsten Form türkischer Gastronomie anzukommen – der Straßenküche.

Köstliches vom kleinen Karren

In den verwinkelten Gassen gibt es frisch fritierte Muscheln, aus Einmachgläsern leuchtet appetitlich eingelegtes Gemüse, stapeln sich, vor Straßenstaub geschützt, Brotfladen mit Hackfleisch und Gewürzen. Und nicht zu vergessen die Karren mit den röstheißen Nüssen oder den knackig frischen Gurken, die der Verkäufer für jeden Kunden einzeln so geschickt schält, daß seine Hände das saftige Fruchtfleisch

Frischer Fisch aus dem Meer ist einer der wichtigen Bestandteile der türkischen Küche. Man kauft ihn am besten gleich beim Fischer wie hier am Goldenen Horn.

nicht berühren. Jede Ware, und sei es auch nur ein Apfel, wird in der Türkei liebevoll zelebriert.
Vergessen ist das Döner Kebap, das gegrillte Fleisch vom senkrecht rotierenden Spieß, das bei uns zum Inbegriff türkischer Kochkunst geworden ist. Hier, in seinem Ursprungsland, gilt dieses einfache Mahl, das von den einst in alle Himmelsrichtungen vordringenden osmanischen Reiterhorden stammt, nur als eine von zahllosen Kebap-Varianten.

Vielerlei Arten von Nüssen sowie Feigen werden auf den Märkten, hier auf dem Ägyptischen Basar in Istanbul, angeboten und tragen zum Variantenreichtum der türkischen Küche bei.

Viele Völker rührten in türkischen Töpfen

Die Türkei ist ein Schmelztiegel vieler Kulturen und Völker, die außer eindrucksvollen Zeugnissen ihrer Geschichte eine Fülle kulinarischer Souvenirs hinterließen. Bereits vor 9000 Jahren bauten die Bewohner der ersten städtischen Siedlung Çatal Höyük in Mittelanatolien Getreide an. Hethiterkönige trugen um 1500 v. Chr. zum Frühlingsfest die ersten Zwiebeln des Jahres in feierlicher Prozession in den Tempel und hinterließen der Nachwelt außerdem das Rezept für das Bierbrauen. Tontäfelchen im Museum für Anatolische Zivilisationen in Ankara geben darüber Auskunft. Um die gleiche Zeit kultivierten die Assyrer in ihren Niederlassungen Gemüse wie Erbsen, Bohnen und Möhren. Als die ersten griechischen Kolonisten um 1200 v. Chr. die westägäische Küste unweit der heutigen Stadt Izmir erreichten, trafen sie auf eine einheimische Bevölkerung mit einer überraschend breiten Palette von Nahrungsmitteln und Speisen. Die nachfolgenden Römer und Byzantiner, die aus den innerasiatischen Steppen stammenden Seldschuken und Osmanen, die Armenier aus dem Osten des Landes, die persischen und arabischen Nachbarn – sie alle sind mit einem kleinen oder großen Teil ihrer Eßkultur am Zustandekommen der heutigen türkischen Küche beteiligt.

Auch das Klima trägt zur Vielfalt bei

Außer der Vielzahl der Völker haben zu der Entstehung dessen, was die türkische Küche heute darstellt, die extremen Klimazonen und landschaftlichen Kontraste beigetragen. Die Türkei liegt auf zwei Kontinenten: mit einem Teil Istanbuls sowie der Provinz Thrakien, die an Griechenland und Bulgarien grenzt, noch in Europa, mit dem gewaltigen Rest jedoch in Asien auf einer großen Halbinsel, Kleinasien oder Anatolien genannt. Im Gegensatz zu dem milden bis subtropischen Klima an den Küsten der Ägäis und des Mittelmeeres, wo Oliven, Zitrusfrüchte, Feigen und Bananen gedeihen, herrscht im Osten Kontinentalklima mit langen, kalten, schneereichen Wintern und kurzen heißen Sommern. Ostanatolien mit seinen endlos erscheinenden Steppen, kahlen Bergrücken und grünen Tälern, wo riesige Schaf- und Rinderherden grasen, ist der Hauptfleischlieferant des Landes. Im warmen und feuchten Klima am Schwarzen Meer wächst in Plantagen die Hauptzutat für das Lieblingsgetränk der Türken – der Tee. In Südostanatolien mit seinen beiden Flüssen Euphrat und Tigris sind die Sommer glühend heiß. Hier gedeihen die höllisch scharfen Peperoni,

Lammfleisch ist aus der türkischen Küche nicht wegzudenken. Es stammt hauptsächlich von den weiten, trockenen Ebenen Anatoliens.

ohne die ein Kebap dieser Region, etwa aus der Stadt Gaziantep, nicht vorzustellen ist. Im Herbst überziehen die zum Trocknen ausgelegten Schoten die Berghänge wie rote Teppiche.

Wie in alter Zeit backen die Landfrauen ihre Brotfladen auf nach oben leicht gewölbten Blechen, die auf der anderen Seite zum Braten benutzt werden.

Obst und Gemüse in Hülle und Fülle

Bei der Bewunderung der in allen Farben leuchtenden Obst- und Gemüsestände sollte man sich daran erinnern, daß viele unserer heutigen Kulturpflanzen und Obstarten ihren Ursprung in Kleinasien und in den Randgebieten seiner Nachbarstaaten haben: Weintrauben und Oliven, Äpfel und Birnen, Quitten und Feigen, Aprikosen, Granatäpfel und Pflaumen. Die Kirsche brachte der Feinschmecker und Feldherr Lucullus vom Schwarzen Meer nach Rom. Zu nennen sind außerdem noch Wal- und Haselnüsse, Eßkastanien, Mandeln und Pistazien, die wie die Peperoni in Südostanatolien nahe der syrischen Grenze wachsen. Gemüse wie Artischocken, Auberginen, Gurken, Paprika, Tomaten und Zucchini, um nur die wichtigsten zu nennen, kamen im Lauf der Zeit hinzu und wurden zum festen Bestandteil des Küchenalltags.

Die Küche der Jahreszeiten

Das tägliche Speisenangebot wird im Agrarland Türkei vor allem durch die Jahreszeiten geprägt. Die strenge Unterscheidung zwischen Winter- und Sommergerichten, bei uns auf Grund der Angebote von EG-Partnern und Überseeländern längst nicht mehr relevant, hat am östlichen Mittelmeer noch Bestand und Wert. Erdbeeren gibt es hier nur im Frühjahr und Trauben im Herbst – alles zu seiner jeweils besten Reifezeit. Ob das Meer zum Schwimmen warm genug ist, erfahren die Türken durch die Wassermelonen. Erst wenn sie im Juli beim Abklopfen mit leicht dröhnendem Klang Reife signalisieren, also genügend Sonne erhielten, wird die Badehose eingepackt. Die Zutaten der Sommerküche sind vor allem Gurken, Tomaten, Paprika, Okraschoten, Zucchini und Auberginen, im Winter kommen rote Beten, Sellerie, Spinat und Kohl auf den Tisch. Zwar gibt es in den Städten auch im Winter Tomaten und Gurken aus dem Treibhaus, doch werden sie hauptsächlich für den Export gezogen. In der Regel hält sich die Hausfrau an die schmackhafteren und preisgünstigeren Saisonerzeugnisse. Hülsenfrüchte wie weiße Bohnen, Kichererbsen und gelbe Linsen gibt es im Sommer wie auch im Winter, vor allem, wenn gespart werden muß. Hauptsächlich dem Winter vorbehalten sind getrocknete Früchte wie Rosinen, Aprikosen, Feigen und Datteln. Mandeln und Pinienkerne sowie Pistazien sorgen das ganze Jahr hindurch für Abwechslung.

Im Sommer für den Winter sorgen

Türkische Hausfrauen sind Profis im Einmachen und Vorräte anlegen. Viele der noch heute praktizierten Methoden entstammen der Nomadentradition. Zwar ziehen nach wie vor einzelne Bauernfamilien zu Beginn des Sommers mit ihren Schaf- und Ziegenherden sowie dem gesamten Hausrat, der häufig von Kamelen transportiert wird, auf die kühleren Gebirgsweiden, doch ist die Mehrzahl des türkischen Volkes längst seßhaft geworden. Auf den Almweiden, den Yaylas, werden Butter und Käse hergestellt, letzterer mit wildwachsenden Kräutern, manchmal auch mit Knoblauch gewürzt und in Ziegenbälge gepreßt. Der krümelige Tulum Peyniri wird überall gern zur Bereitung von Käsepasteten und zum Füllen von Teigtaschen verwendet.
Der Umzug vom Nomadenzelt ins feste Haus hindert viele Bauernfrauen jedoch nicht daran, das tägliche Brot für die Familie nicht beim Dorfbäcker zu kaufen, sondern in dünnen Fladen auf großen gewölbten Blechen über der offenen Feuerstelle selbst zu backen. Brot ist aus keiner Mahlzeit wegzudenken. Auch Bulgur wird von den Landfrauen noch selbst für den Winter vorbereitet: Sie kochen, trocknen, schälen und zerstoßen die Weizenkörner zu Schrot, um es später wie Reis als Gericht oder als Suppeneinlage zu verwenden.
Eine beliebte Suppengrundlage ist auch Tarhana aus Joghurt, Gemüse und Gewürzen, die in einer langwierigen Prozedur gekocht, getrocknet und mit den Fingern fein zerrieben werden.

Lauch wird in der Türkei wie in Mitteleuropa Chicorée oder Spargel gezüchtet, um möglichst lange weiße Stangen zu erhalten.

Auf dem Land preßt man Olivenöl noch selbst, konserviert Gemüse und Weinblätter in Salzlake, kocht Pekmez, einen Sirup aus Trauben, bereitet Pürees aus Tomaten und Paprika und legt sogar Käse ein.

Die Mahlzeiten im Tageslauf

Zum Frühstück, dem Kahvaltı, kommen in der Regel Ekmek, frisches Weißbrot, dazu Beyaz peynir, Schafskäse, Zeytin, Oliven, Bal, Honig, Reçel, Konfitüre, auf den Tisch. Dazu trinkt man aus großen Gläsern Çay, schwarzen Tee. Zum Mittagessen, Öğle yemeği, gibt es häufig Pilav, gekochten Reis oder Weizengrütze. Dazu reicht man gern Cacık, eine Joghurtkaltschale, oder auch Etli nohut, Kichererbsen mit Fleisch und Tomaten, oder Etli kuru fasulya, weiße Bohnen. Überall beliebt sind Mantı, Teigtäschchen, und Etli dolma mit Hackfleisch und Reis gefüllte Gemüse, beides mit Joghurt. Güveç, einen Gemüse-Fleisch-Eintopf aus dem Backofen, gibt es in vielen Varianten. Das Abendessen, Akşam yemeği, fällt oft noch reichhaltiger aus als das Mittagessen.

Ein türkisches Menü

Zum Auftakt gibt es eine Suppe, danach als eigenständigen Gang Salat, zum Beispiel Hirtensalat, oder mit Olivenöl zubereitetes kaltes Gemüse. Der Gemüsegang kann auch

aus warmem, mit Hackfleisch und Reis gefülltem Gemüse bestehen. Auf die variantenreiche Einstimmung folgt der Hauptgang, ein Eintopf, ein Fisch- oder ein Fleischgericht, eventuell vom Grill.
Das Dessert bildet das süße Finale des Essens. Obst kommt außerdem nach jeder Mahlzeit auf den Tisch. Zum Abschluß sind dann türkischer Mokka oder Tee noch willkommen.

Die Rakı-Tafel

Vor allem in der Rakı-Tafel, Rakı sofrası, spiegelt sich türkische Großzügigkeit, Geselligkeit und Gastfreundschaft.
Für Freunde oder für die meist vielköpfige Verwandtschaft stellt man zu besonderen Anlässen eine Anzahl kalter und warmer kleiner Speisen zusammen, und hauptsächlich die Männer trinken dazu mit Wasser verdünnten Anisschnaps, Rakı.
Nicht selten geht man bei dieser Gelegenheit in ein Restaurant, möglichst mit Live-Musik und Bauchtanz. Manche Lokale veranstalten regelrechte Familienabende, an denen auch die Kleinsten bis in die Nacht hinein teilnehmen, zwischendurch jedoch Schlummerpausen einlegen. Ausgesucht werden die Gerichte am großen Buffet oder von einem riesigen Tablett voll kleiner Schüsseln, die in die Mitte des Tisches gestellt werden und von denen sich jeder nach Herzenslust bedienen kann.

Leuchtendes Obst an einem türkischen Marktstand: es wird mit Liebe und Sachkenntnis ausgesucht und bei Tisch präsentiert.

Die Zusammenstellung einer Rakı-Tafel

Normalerweise reicht eine Auswahl von fünf bis sieben Gerichten aus. Das Sortiment kann noch mit Honigmelonenwürfeln und Schafkäse sowie fertig gekauften eingelegten Oliven und Sauergemüse angereichert werden. Von den Rezepten dieses Buches eignen sich für die Rakı-Tafel: Hirtensalat, Pikante Kässecreme, Huhn auf Tscherkessenart, Leber albanische Art, Strudelscheiben mit Käse oder Schafkäseröllchen, Gefüllte Paprikaschoten mit Olivenöl oder gefüllte Weinblätter, Der Imam fiel in Ohnmacht, Artischocken in Olivenöl und Garnelen im Tontöpfchen. Dazu gibt es immer frisches Fladenbrot. Zum Schluß darf das liebevoll ausgesuchte und arrangierte Obst nicht fehlen.

Türkische Getränke

Schwarzer Tee ist das Nationalgetränk der Türken, das zu jeder Tageszeit willkommen ist. Türkischer Tee wird nach dem Samowar-Prinzip, also in zwei Kannen, zubereitet. Der berühmte türkische Mokka beschließt die Mahlzeiten. Zum Essen oder als Erfrischung dazwischen wird gern Ayran, ein Gemisch aus Joghurt und Wasser getrunken und in der kalten Jahreszeit, zum Schutz gegen Erkältung, Salep, heiße Milch mit einer Prise Knabenkrautpulver, Zucker und Zimt. Tees aus Salbei, Ada çayı, oder getrockneten Apfelschalen, Elma çayı, sind zu jeder Jahreszeit beliebt. Rakı, Anisschnaps, ist das einzige weitverbreitete alkoholische Getränk. Wein wird von den Einheimischen selten getrunken. Dennoch produziert das Land eine Anzahl guter, trockener Sorten. Probieren sollte man zum Beispiel Villa Doluca oder Güzel Marmara, Kavaklıdere oder Yakut, die es in Weiß, Rosé und Rot auch bei uns zu kaufen gibt.

Hirtensalat

Çoban salatası

Wie in vielen anderen südlichen Ländern wird auch in der Türkei Salat als Vorspeise serviert.

Zutaten für 4 Personen:
1 kleiner Kopf römischer Salat
2 große Freilandtomaten
2 feste kleine Gärtnergurken
1 Bund Frühlingszwiebeln
4 milde oder scharfe Peperoni
1 großes Bund glatte Petersilie
3 Eßl. Olivenöl, kaltgepreßt
Saft von 1 Zitrone
Salz · Pfeffer, frisch gemahlen
Zum Garnieren:
50 g schwarze Oliven
50 g Schafkäse

Gelingt leicht

Pro Portion etwa:
770 kJ/180 kcal
4 g Eiweiß · 14 g Fett
11 g Kohlenhydrate

- Zubereitungszeit: etwa 30 Minuten

1. Von dem Salat die äußeren harten Blätter und den Strunk abschneiden. Die inneren zarten Blätter gründlich waschen und trockenschütteln. Die Blätter abtrennen, in Streifen schneiden und in eine Salatschüssel geben. Die Tomaten waschen, halbieren und die Stielansätze herausschneiden. Die Tomatenhälften würfeln und die Würfel in die Schüssel geben. Die Gurken schälen und klein würfeln. Die Frühlingszwiebeln waschen, putzen und in Ringe schneiden. Zum Salat geben. Die Stiele und Stielansätze von den Peperoni abschneiden, die Schoten längs halbieren. Die Kerne und Rippen entfernen. Die Schoten waschen und in Streifchen schneiden. Die Petersilie waschen, trockenschütteln und grob hacken. Alles zu den übrigen Salatzutaten geben.

2. Aus dem Öl, dem Zitronensaft, etwas Salz und Pfeffer eine Marinade rühren und über den Salat gießen. Alles gut durchmischen und auf einer Platte anrichten.

3. Die Oliven auf dem Salat verteilen. Zuletzt den Schafkäse fein reiben und über den Salat streuen.

Pikante Käsecreme

Haydari

Cremes sind ein fester Bestandteil des türkischen Vorspeisenangebots. Haydari wird mit frischem Weißbrot gegessen.

Zutaten für 4 Personen:
200 g türkischer oder bulgarischer Schafkäse
175 g säuerlicher Joghurt
1 Bund glatte Petersilie
1 gestrichener Teel. Pul biber (Plättchenpaprika; türkisches Spezialgeschäft)
1 Teel. Nane (getrocknete Minze; türkisches Spezialgeschäft)
2 Knoblauchzehen
Zum Garnieren:
2 milde oder scharfe Peperoni

Gelingt leicht • Schnell

Pro Portion etwa:
570 kJ/140 kcal
7 g Eiweiß · 11 g Fett
1 g Kohlenhydrate

- Zubereitungszeit: etwa 20 Minuten

1. Den Schafkäse in einem Suppenteller mit einer Gabel fein zerdrücken. Den Joghurt dazugeben und alles zu einer feinen Creme verarbeiten.

2. Die Petersilie waschen und trockenschütteln. Die Blättchen abzupfen, einige davon zum Garnieren beiseite legen. Die anderen fein hacken. Die Petersilie zu der Käsecreme geben. Die Minze mit dem Plättchenpaprika in die Creme streuen.

3. Die Knoblauchzehen schälen und durch die Knoblauchpresse zu der Creme drücken. Alle Zutaten gründlich mischen und die Creme auf einem flachen Teller anrichten.

4. Die Peperoni waschen. Die Stiele mit den Stielansätzen abschneiden. Die Schoten samt den Kernen schräg in Scheibchen schneiden und rund um die Käsecreme verteilen. Diese mit der restlichen Petersilie garnieren.

Bild oben: Hirtensalat
Bild unten: Pikante Käsecreme

Joghurtkaltschale

Cacık

Eine erfrischende Mahlzeit, besonders beliebt als Vorspeise oder Zwischengang.

Zutaten für 4 Personen:
500 g säuerlicher Joghurt
300 g kleine Gärtnergurken
2 Knoblauchzehen
Salz
2 Eßl. Olivenöl, kaltgepreßt
1/2 Bund Dill
1 gehäufter Teel. Nane (getrocknete Minze; türkisches Spezialgeschäft)

Schnell

Pro Portion etwa:
210 kJ/50 kcal
1 g Eiweiß · 4 g Fett
2 g Kohlenhydrate

- Zubereitungszeit: etwa 20 Minuten

1. Den kalten Joghurt in eine Schüssel geben und cremig schlagen.

2. Die Gurken schälen und längs halbieren. Große Kerne mit einem Löffel herausschaben. Die Gurken fein würfeln. Die Gurkenwürfel unter den Joghurt heben. Die Knoblauchzehen schälen und durch die Knoblauchpresse zum Joghurt drükken. Salzen.

3. Die Kaltschale auf 4 Suppenschüsseln verteilen. Auf jede Portion 1/2 Eßlöffel Olivenöl träufeln. Den Dill waschen, trockenschütteln und fein hakken. Die Minze und den Dill auf die Kaltschale streuen.

Bohnensalat mit Sesamsauce

Taratorlu piyaz

Zutaten für 4 Personen
250 g weiße Bohnen · 2 Tomaten
1 mittelgroße rote Zwiebel
2 milde oder scharfe Peperoni
1 Bund glatte Petersilie
Salz · Pfeffer, frisch gemahlen
4–6 Eßl. Rotweinessig
4 Eßl. Olivenöl, kaltgepreßt
3 Eßl. Tahin (Sesampaste; türkisches Spezialgeschäft)
Saft von 1 Zitrone
Zum Garnieren:
2 hartgekochte Eier
12 schwarze Oliven

Raffiniert

Pro Portion etwa:
1800 kJ/430 kcal
20 g Eiweiß · 21 g Fett
41 g Kohlenhydrate

- Einweichzeit für die Bohnen: etwa 12 Stunden
- Zubereitungszeit: etwa 1 3/4 Stunden

1. Die Bohnen in ein Sieb geben, waschen und über Nacht in reichlich kaltem Wasser einweichen. Am nächsten Tag die Bohnen im offenem Topf etwa 15 Minuten bei starker Hitze kochen. Den Schaum dabei abschöpfen. Die Bohnen in ein Sieb abgießen, mit frischem warmem Wasser bedeckt erneut aufsetzen, bei mittlerer Hitze in 45–60 Minuten garen und abkühlen lassen.

2. Die Tomaten kochendheiß überbrühen und häuten. Das Tomatenfleisch würfeln. Die Zwiebel schälen, vierteln und in Streifchen schneiden. Die Peperoni waschen, die Stiele, die Kerne und Rippen entfernen. Die Schoten in Ringe schneiden. Die Petersilie waschen, trockenschütteln und hacken.

3. Die Bohnen in einem Sieb abtropfen lassen und auf 4 Suppenteller verteilen. Auf jede Portion Tomaten, Zwiebeln, Peperoni und Petersilie geben. Den Salat salzen und pfeffern und mit je 1–2 Eßlöffeln Essig und 1 Eßlöffel Öl beträufeln.

4. Das Sesammus in eine Schüssel geben. Nach und nach den Zitronensaft und 1/8 l lauwarmes Wasser unterrühren. Mit Salz abschmecken. Jede Portion mit Sesamsauce übergießen.

5. Die Eier pellen und vierteln. Die Oliven abbrausen. Den Salat mit den Eivierteln und den Oliven garniert servieren.

Im Bild oben: Joghurtkaltschale
Im Bild unten: Bohnensalat mit Sesamsauce

Huhn auf Tscherkessen Art

Çerkez tavuğu

Diese Vorspeise gibt es in der Türkei zu besonders festlichen Anlässen, und man bekommt sie nur in gehobenen Restaurants.

Zutaten für 6 Personen:
1 küchenfertige Poularde
(etwa 1,2 kg)
Salz
1 Teel. schwarze Pfefferkörner
1 mittelgroße Möhre
1 mittelgroße Zwiebel
300 g frische Walnußkerne
(ersatzweise getrocknete
Walnußkerne)
je 1/2 Teel. edelsüßes und
scharfes Paprikapulver
6 Scheiben Toastbrot
1/4 l Milch
Pfeffer, frisch gemahlen
2 Eßl. Walnußöl
1 Prise Cayennepfeffer
2 Stengel glatte Petersilie

Braucht etwas Zeit
Für Gäste

Pro Portion etwa:
3000 kJ/710 kcal
52 g Eiweiß · 47 g Fett
19 g Kohlenhydrate

- Zubereitungszeit: etwa 2 1/2 Stunden
- Ruhezeit: 30 Minuten

1. Die Poularde waschen und in einem Topf knapp mit Wasser bedecken. 1/2 Teelöffel Salz und die Pfefferkörner einstreuen. Die Möhre und die Zwiebel schälen, vierteln und dazugeben. Das Wasser mit der Poularde zum Kochen bringen, abschäumen und die Poularde bei schwacher Hitze in etwa 45 Minuten garen.

2. Den Topf von der Kochstelle nehmen. Die Poularde aus der Brühe heben, abkühlen lassen. Inzwischen die frischen Walnüsse schälen, von getrockneten Walnüssen die Häutchen abreiben.
6–8 Walnußhälften zum Garnieren beiseite legen. Die übrigen fein reiben oder im Mixer zerkleinern.

3. Die Nüsse in eine Kasserolle geben, das Paprikapulver hinzufügen und alles unter Rühren erhitzen, bis die Nüsse Öl ausschwitzen – sie dürfen jedoch keinesfalls braun werden. Die Nüsse zum Abkühlen beiseite stellen.

4. Die Rinde von den Toastbrotscheiben entfernen. Das Brot in etwa 1/4 l Hühnerbrühe einweichen und ausdrücken. Die Brühe gesondert aufbewahren. Das Brot mit einer Gabel zu einer glatten Paste verarbeiten. Mit der Hühnerbrühe, in der das Brot eingeweicht war, und der Milch zu den Nüssen geben.

5. Alles verrühren, so daß eine dicke Paste entsteht. Von der Poularde Brust- und Keulenfleisch auslösen, kleinschneiden und die Stücke mit den Fingern zu Fasern zupfen. Das restliche Poulardenfleisch mit der restlichen Brühe für eine spätere Suppe aufbewahren.

6. Das Fleisch mit etwas Salz und Pfeffer bestreuen. Das Walnußöl mit dem Cayennepfeffer verrühren. Die Hälfte des Poulardenfleischs mit der Hälfte der Nußpaste vorsichtig mischen und auf einen großen flachen Teller legen. Alles mit der Hälfte des gewürzten Walnußöls beträufeln.

7. 2 Eßlöffel von der verbliebenen Nußpaste auf das Nuß-Huhn-Gemisch streichen. Das restliche Poulardenfleisch darauf legen. Zum Schluß das Fleisch mit der restlichen Nußpaste bedecken und mit dem restlichen Walnußöl beträufeln.

8. Das Gericht mit den Walnußhälften verzieren. Die Petersilienstengel waschen, trockenschütteln, die Blättchen abzupfen und das Gericht damit garnieren. Das Huhn etwa 30 Minuten bei Zimmertemperatur durchziehen lassen.

Tip!

Wenn Ihnen die Zubereitungszeit zu lang erscheint, können Sie das Huhn auf Tscherkessen Art auch einfacher anrichten, indem Sie das gesamte Fleisch auf einmal mit der Nußpaste mischen, doch das sieht nicht so dekorativ aus wie im Rezept beschrieben. Wenn Sie das Gericht schon früher vorbereiten möchten, bewahren Sie das Fleisch und die Nußpaste getrennt auf und stellen Sie es kurz vor dem Servieren fertig.

Kichererbsenpüree

Humus

Humus gehört in der Türkei zu den kleinen Gerichten einer Rakı-Tafel.

Zutaten für 10 Personen:
250 g getrocknete Kichererbsen
Saft von 3 Zitronen
2 Knoblauchzehen
140 g Tahin (Sesampaste; türkisches Spezialgeschäft)
1 Prise gemahlener Kreuzkümmel
Salz
1 Bund glatte Petersilie
1 Teel. edelsüßes Paprikapulver
5 Eßl. Olivenöl, kaltgepreßt

Für Gäste

Pro Portion etwa:
860 kJ/200 kcal
8 g Eiweiß · 12 g Fett
16 g Kohlenhydrate

- Einweichzeit für die Kichererbsen: etwa 12 Stunden
- Zubereitungszeit: etwa 1 1/2 Stunden

1. Die Kichererbsen waschen und in reichlich kaltem Wasser über Nacht einweichen.

2. Am nächsten Tag die Kichererbsen abtropfen lassen. In einem Topf Wasser zum Kochen bringen, die Kichererbsen hineinschütten, kurz aufkochen, abschäumen und in 40–45 Minuten garen. Abkühlen lassen.

3. Die Kichererbsen in ein Sieb schütten und pellen – das Häutchen läßt sich leicht zwischen Daumen und Zeigefinger abziehen. Die Kichererbsen im Mixer zerkleinern. Den Zitronensaft darüberträufeln und das Mus durch ein Sieb passieren.

4. Die Knoblauchzehen schälen und durch die Knoblauchpresse in das Püree drücken. Das Tahin und den Kreuzkümmel hineinrühren. Salzen. Die Petersilie waschen, trockenschütteln und fein hacken. Unter das Humus mischen. Nach Bedarf noch 3–4 Eßlöffel Wasser hineinrühren, um das Püree vollkommen geschmeidig zu machen.

5. Das Humus in einer Schale anrichten. Das Paprikapulver mit dem Öl verrühren und auf dem Gericht verteilen.

Leber albanische Art

Arnavut ciğeri

Zutaten für 4 Personen:
500 g Lamm- oder Kalbsleber
3 Eßl. Mehl
8 Eßl. Sonnenblumenöl
Salz
Pfeffer, frisch gemahlen
1 Prise Cayennepfeffer
4 rote Zwiebeln
1/2 Bund glatte Petersilie
1/2 Teel. Sumak (Salatgewürz; türkisches Spezialgeschäft)
Zum Garnieren:
2 Stengel Petersilie
1 Tomate

Gelingt leicht

Pro Portion etwa:
1500 kJ/360 kcal
26 g Eiweiß · 21 g Fett
16 g Kohlenhydrate

- Zubereitungszeit: etwa 45 Minuten

1. Die Leber von Häutchen und Sehnen befreien und in Stifte schneiden. Das Mehl auf einen Teller schütten und die Leberstücke darin wälzen. Überschüssiges Mehl abschütteln.

2. Das Öl in einer Pfanne erhitzen, die Leber nach und nach rundherum knusprig braun braten und mit einem Schaumlöffel aus der Pfanne heben. Auf eine Platte legen und sofort mit Salz, Pfeffer und wenig Cayennepfeffer bestreuen.

3. Die Zwiebeln schälen, in dünne Ringe schneiden, in eine Schüssel geben und mit etwas Salz bestreuen. Die Zwiebelringe leicht kneten und unter fließendem Wasser waschen. Das Wasser gründlich abschütteln.

4. Die Petersilie waschen, trockenschütteln, fein hacken, mit den Zwiebeln, etwas Salz und dem Sumak mischen. Die Tomate waschen, abtrocknen und achteln.

5. Die Leber lauwarm mit dem Zwiebelsalat, den Tomatenachteln und der Petersilie servieren.

Im Bild oben: Kichererbsenpüree
Im Bild unten: Leber albanische Art

Almsuppe

Yayla çorbası

Diese Suppe stammt ursprünglich von den Yaylas, den Hochebenen, auf denen die Bauernfamilien im Sommer mit ihren Herden leben.

Zutaten für 4 Personen:
100 g Patnareis
1 mittelgroße Zwiebel
60 g Butter · 1 3/4 l Fleischbrühe (ersatzweise Instant-Brühe)
250 g säuerlicher Joghurt
1 Eßl. Mehl · 3 Eigelb
Salz · Pfeffer, frisch gemahlen
Saft von 1/2 Zitrone
1 Teel. Nane (getrocknete Minze; türkisches Spezialgeschäft)

Gelingt leicht • Preiswert

Pro Portion etwa:
1100 kJ/260 kcal
5 g Eiweiß · 17 g Fett
25 g Kohlenhydrate

- Zubereitungszeit: etwa 40 Minuten

1. Den Reis unter fließendem Wasser kurz abbrausen und abtropfen lassen. Die Zwiebel schälen und klein würfeln.

2. In einem Suppentopf die Hälfte der Butter zerlassen und die Zwiebel darin glasig dünsten. Die Fleischbrühe und den Reis dazugeben. 15–20 Minuten kochen, bis der Reis gar ist.

3. Inzwischen die Flüssigkeit vom Joghurt abgießen und den Joghurt in eine Schüssel geben. Mit dem Mehl und den Eigelben gut verrühren.

4. Die Suppe von der Kochstelle nehmen. Zuerst einige Eßlöffel Brühe in die Joghurtmischung rühren, dann den gesamten Joghurt in die Suppe geben. Die Suppe unter Rühren kurz erhitzen, jedoch nicht mehr aufkochen, sonst flockt der Joghurt aus. Die Almsuppe mit Salz, Pfeffer und dem Zitronensaft abschmecken.

5. Die restliche Butter in einem Pfännchen zerlassen und die getrocknete Minze einrühren. Die Minzebutter kurz vor dem Servieren in die Suppe rühren.

Rote Linsensuppe

Kırmızı mercimek çorbası

Eine leichte, mild-würzige Suppe, die sich auch gut als Entree für ein Menü eignet.

Zutaten für 4 Personen:
200 g rote Linsen
1 Bund Suppengrün
1 mittelgroße Zwiebel
70 g Butter
1 l Fleischbrühe
1/4 l Milch
Salz · Pfeffer, frisch gemahlen
1 Teel. scharfes Paprikapulver

Gelingt leicht

Pro Portion etwa:
1500 kJ/360 kcal
16 g Eiweiß · 19 g Fett
33 g Kohlenhydrate

- Zubereitungszeit: etwa 1 1/4 Stunden

1. Die Linsen auf ein Blech schütten und verlesen, dabei Steinchen und fremdes Saatgut entfernen. Die Linsen in ein feinmaschiges Sieb geben, abbrausen und abtropfen lassen.

2. Das Suppengrün putzen, waschen und kleinschneiden. Die Zwiebel schälen und in kleine Würfel schneiden.

3. 30 g Butter in einem Topf zerlassen, die Zwiebelwürfel darin glasig schmoren. Das Suppengrün dazugeben und etwa 5 Minuten mitschmoren lassen. Die abgetropften Linsen in den Topf geben und mit der Fleischbrühe ablöschen. Die Suppe bei mittlerer Hitze in etwa 30 Minuten garen.

4. Die Suppe durch ein Sieb passieren. Die Milch angießen. Die Suppe kurz aufkochen lassen, salzen und pfeffern.

5. Die restliche Butter in einem Pfännchen zerlassen, das Paprikapulver darunterrühren.

6. Die Suppe auf 4 tiefe Teller verteilen und die Paprikabutter darüberträufeln.

Im Bild oben: Almsuppe
Im Bild unten: Rote Linsensuppe

Tarhana-Suppe

Tarhana çorbası

Für diese Spezialität wird Tarhana, ein Mehl aus Weizen, getrocknetem Joghurt, Gemüse und Gewürzen verwendet.

Zutaten für 4 Personen:
1 mittelgroße Zwiebel
2 milde Paprikaschoten
2 mittelgroße Tomaten
60 g Butter
150 g Hackfleisch vom Rind
oder Kalb
1 1/2 l Fleischbrühe
100 g Tarhana-Mehl
(türkisches Spezialgeschäft)
Salz · Pfeffer, frisch gemahlen
1/2 Teel. edelsüßes oder
scharfes Paprikapulver
3 Scheiben Weiß- oder Toastbrot

Gelingt leicht • Schnell

Pro Person etwa:
1600 kJ/380 kcal
15 g Eiweiß · 21 g Fett
32 g Kohlenhydrate

- Zubereitungszeit: etwa 40 Minuten

1. Die Zwiebel schälen und fein würfeln. Von den Paprikaschoten die Stielansätze mit den Stielen abschneiden, die Schoten längs halbieren, die Kerne und Rippen entfernen, die Hälften waschen und in Streifchen schneiden. Die Tomaten kochendheiß überbrühen, häuten und würfeln.

2. Die Hälfte der Butter in einem Suppentopf zerlassen und die Zwiebel darin glasig dünsten. Die Paprikaschoten und die Tomaten dazugeben und etwa 2 Minuten mitschmoren. Das Hackfleisch hinzufügen und unter Wenden mit anbraten. Die Brühe dazugießen und alles aufkochen. Den Topf von der Kochstelle nehmen und das Tarhana-Mehl unter ständigem Rühren einrieseln lassen. Die Suppe bei schwacher Hitze etwa 10 Minuten kochen. Mit Salz, Pfeffer und dem Paprikapulver abschmecken.

3. Das Brot in Würfel schneiden. Die restliche Butter in einer Pfanne zerlassen und die Brotwürfel darin goldbraun rösten.

4. Die Brotwürfel auf 4 Suppenteller verteilen und die Suppe darübergießen.

Die Suppe der Braut Ezo

Ezo gelin çorbası

Zutaten für 4 Personen:
100 g rote Linsen
100 g feiner Bulgur (Weizenschrot;
türkisches Spezialgeschäft)
1 mittelgroße Zwiebel
60 g Butter
2 Eßl. Tomatenmark
1 Eßl. scharfe Salça (Paprikapaste;
türkisches Spezialgeschäft)
Salz · Pfeffer, frisch gemahlen
1 Teel. Nane (getrocknete Minze;
türkisches Spezialgeschäft)

Gelingt leicht

Pro Person etwa:
1200 kJ/290 kcal
9 g Eiweiß · 13 g Fett
30 g Kohlenhydrate

- Zubereitungszeit: etwa 1 1/2 Stunden

1. Die Linsen verlesen, in ein Sieb schütten, kalt abbrausen und abtropfen lassen. Den Bulgur ebenfalls in ein Sieb geben, abbrausen und abtropfen lassen. Die Zwiebel schälen und würfeln.

2. In einem Suppentopf die Hälfte der Butter zerlassen und die Zwiebelwürfel darin glasig dünsten. Die Linsen, den Bulgur, das Tomatenmark, die Paprikapaste und Salz dazugeben. Alles verrühren und 1 3/4 l Wasser angießen. Die Suppe etwa 45 Minuten bei mittlerer Hitze kochen lassen. Zwischendurch öfter umrühren.

3. Die Suppe kurz abkühlen lassen und durch ein Sieb passieren.

4. Die Suppe zurück in den Topf schütten. Eventuell mit Wasser verlängern. Noch einmal aufkochen lassen, salzen und pfeffern.

5. Die restliche Butter in einem Pfännchen zerlassen. Die Minze einstreuen und darin verrühren. Die Mischung in die Suppe rühren.

Im Bild oben:
Die Suppe der Braut Ezo
Im Bild unten: Tarhana-Suppe

Strudelscheiben mit Käse

Kol böreği

Von den vielen herzhaften Strudelteig-Spezialitäten läßt sich dieses Börek besonders schnell herstellen. Es paßt hervorragend zu Wein und zu Rakı und ist in der Türkei auch als Vorspeise beliebt.

Zutaten für etwa 20 Scheiben:
30 g Butter · etwa 150 ccm Milch
etwa 90 g Joghurt
2 Eier · 200 g Schafkäse
50 g Emmentaler, frisch gerieben
je 1/2 Bund Dill und Petersilie
1 Teel. Pul biber (Plättchenpaprika; türkisches Spezialgeschäft)
3 große Yufkablätter (Strudelteig, Fertigprodukt; türkisches oder unter dem Namen Fillo auch griechisches Spezialgeschäft)
1/2 Eßl. Mehl
etwa 1/8 l Sonnenblumenöl zum Braten

Raffiniert • Für Gäste

Pro Scheibe etwa:
540 kJ/130 kcal
4 g Eiweiß · 11 g Fett
3 g Kohlenhydrate

- Zubereitungszeit: etwa 45 Minuten

1. Die Butter in einem kleinen Topf zerlassen, dann den Topf von der Kochstelle nehmen.

2. 1/8 l Milch, den Joghurt und 1 Ei darin verquirlen.

3. Den Schafkäse in einer Schüssel zerbröseln. Den Emmentaler dazugeben. Die Kräuter gründlich waschen und trockenschütteln. Die Blättchen abzupfen und hacken. Die Kräuter mit dem zweiten Ei, der restlichen Milch und dem Plättchenpaprika zum Käse geben und alles zu einer Paste verkneten.

4. Die Packung mit dem Yufkateig öffnen und vorsichtig 3 Platten herausnehmen. Den Rest wieder in die Folie stecken und diese zukleben, damit die Teigplatten nicht austrocknen. Im Kühlschrank aufbewahren.

5. Die erste Yufka-Platte auf einer Arbeitsfläche ausbreiten und die Butter-Milch-Eier-Mischung mit dem Pinsel auftragen – die Ränder nicht vergessen. Die zweite Platte darauflegen und ebenfalls gründlich einpinseln, so daß sie richtig naß ist. Die dritte Platte darauf legen und mit etwas weniger Flüssigkeit bestreichen. Die Käsepaste auftragen. Die Strudelblätter etwa 5 Minuten ruhen lassen, dann gleichmäßig und fest zusammenrollen. Vorsicht! Sie reißen leicht. Die Rolle mit der restlichen Butter-Milch-Eier-Mischung bestreichen. Weitere 5 Minuten ruhen lassen.

6. Eine Arbeitsplatte mit dem Mehl bestäuben. Mit einem sehr scharfen Messer 1 cm dicke Scheiben schräg von der Rolle abschneiden und auf die Platte legen.

7. Das Sonnenblumenöl etwa 1/2 cm hoch in eine Pfanne gießen, erhitzen und die Scheiben auf beiden Seiten darin schön goldbraun braten. Das Börek auf Küchenkrepp legen und entfetten. Warm servieren.

Variante:
Schafkäseröllchen
Sigara böreği

Noch bekannter als die Strudelteigscheiben sind mit Käse gefüllte Röllchen, die wie Zigarren aussehen. Sie werden aus den gleichen Zutaten hergestellt, nur anders verarbeitet. Für die Röllchen ein großes rundes Yufkablatt auf einer Arbeitsfläche mit einem scharfen Messer über Kreuz vierteln und jedes Viertel (wie Tortenstücke) noch einmal in jeweils 3 Teile schneiden. Die Käsefüllung wie im Rezept beschrieben zubereiten. Eine Untertasse mit Wasser bereitstellen. Jeweils auf das breite Ende der Teigstücke etwas Käse geben und diese bis zur Spitze fest aufrollen. Die Spitze mit Wasser bepinseln und auf dem Röllchen festkleben. Auf diese Weise alle Teigstücke aufrollen und die »Zigarren« in der Pfanne in Öl rundum goldbraun braten. Sofort servieren.

Strudel gibt es in der Türkei in vielen Varianten; die Strudelscheiben mit Käse schmecken besonders herzhaft.

Teigtaschen mit Joghurt

Mantı

Eine Spezialität aus Mittelanatolien, wo es Ehrensache ist, die Teigtaschen so winzig zu falten, daß dreißig davon in eine Suppenkelle passen.

Zutaten für 4 Personen:

Für den Teig:
450 g Mehl
1/2 Teel. Salz
1 Ei

Für die Füllung:
250 g sehr fein durchgedrehtes Hackfleisch vom Lamm
1 mittelgroße Zwiebel
1 Bund glatte Petersilie
Salz
Pfeffer, frisch gemahlen
1 Teel. edelsüßes Paprikapulver

Für die Saucen:
500 g säuerlicher Joghurt
2 Knoblauchzehen
Salz
100 g Butter
1 Teel. scharfes Paprikapulver

Braucht etwas Zeit

Pro Portion etwa:
2900 kJ/690 kcal
27 g Eiweiß · 26 g Fett
85 g Kohlenhydrate

- Zubereitungszeit: etwa 2 1/ 4 Stunden
- Ruhezeit für den Teig: etwa 30 Minuten

1. 400 g Mehl in eine Schüssel sieben, das Salz untermischen. Das Ei mit 1/8 l kaltem Wasser verquirlen. In das Mehl eine Mulde drücken und das verquirlte Ei hineingießen. Alles rasch zu einem elastischen Teig verkneten. Den Teig etwa 30 Minuten in Folie gewickelt ruhen lassen.

2. Das Hackfleisch in eine Schüssel geben. Die Zwiebel schälen und mit einer feinen Reibe hineinraspeln. Die Petersilie waschen, trockenschütteln und die Blättchen fein hacken. Das Hackfleisch mit Salz, Pfeffer und dem Paprikapulver würzen. Alles gut verkneten und abschmecken.

3. Den Teig in 5 Stücke teilen, nacheinander jedes Teil auf bemehlter Arbeitsfläche sehr dünn ausrollen. Quadrate mit 4 cm Seitenlänge ausschneiden. Je 1/2 Teelöffel Fleischfüllung in die Mitte legen.

4. Die vier Zipfel der Quadrate über dem Fleisch zusammenfassen; Spitzen und Ränder gut zusammendrücken. Mit dem restlichen Teig ebenso verfahren, bis alle Mantı geformt sind.

5. Für die Sauce eine große Kaffeefiltertüte in ein Spitzsieb stecken. Den Joghurt zum Abtropfen hineingeben. Den abgetropften Joghurt in eine Schüssel geben. Den Knoblauch schälen und mit der Knoblauchpresse dazudrükken. Alles gut verrühren und mit Salz abschmecken.

6. In einem großen Topf Wasser mit 1 Eßlöffel Salz zum Sieden bringen. Die Teigtäschchen darin in mehreren Portionen jeweils 4–5 Minuten garen. In einem Sieb abtropfen lassen.

7. Die Butter in einem Pfännchen erhitzen, das Paprikapulver hineinrühren und das Pfännchen sofort von der Kochstelle nehmen, damit die Butter nicht bitter schmeckt.

8. Die Teigtäschchen auf 4 vorgewärmte tiefe Teller verteilen. Jede Portion mit Knoblauchjoghurt übergießen. Die heiße Paprikabutter auf die Sauce träufeln.

Tip!

Sie können Mantı auch für kurze Zeit haltbar machen, indem Sie sie auf ein eingefettetes Backblech setzen und im vorgeheizten Backofen (Mitte) bei 200° 15–20 Minuten backen, bis sie anfangen hellbraun zu werden.Die abgekühlten Mantı bewahren Sie in einem Leinensäckchen verpackt kühl und luftig auf. Diese Teigtäschchen werden bei Verwendung anders gegart als frische. Etwa 1–1 1/2 l Fleischbrühe zum Kochen bringen. Die Mantı einlegen und in etwa 20 Minuten garen. Zwischendurch die Teigtäschchen mit dem Kochlöffel immer wieder untertauchen, damit sie rundum weich werden. Die Mantı mit der Fleischbrühe in Suppentellern servieren. Mit gehackter glatter Petersilie bestreuen.

Brotfladen mit Hackfleisch

Kıymalı pide

Zutaten für 8 Brotfladen:
Für den Teig:
550 g Mehl
1 Päckchen Trockenhefe
Salz · Fett für das Backblech
Für den Belag:
250 g Hackfleisch vom Rind
1 mittelgroße Zwiebel
2 mittelgroße Tomaten
2 milde oder scharfe Peperoni
1 gehäufter Eßl. Salça (Paprikapaste; türkisches Spezialgeschäft)
Salz · Pfeffer, frisch gemahlen
1 Ei · 2 Eßl. Milch

Preiswert • Für Gäste

Pro Fladen etwa:
1300 kJ/310 kcal
15 g Eiweiß · 6 g Fett
48 g Kohlenhydrate

- Zubereitungszeit: etwa 2 Stunden
- Ruhezeit für den Teig: etwa 30 Minuten.

1. 500 g Mehl in eine Schüssel sieben. Die Trockenhefe daruntermischen, salzen. 1/8 l lauwarmes Wasser angießen und alles zu einem elastischen Teig verrühren. Den Teig kräftig schlagen und mit bemehlten Händen durchkneten. Den Teig zu einer Kugel formen, zudekken. An einem warmen Platz etwa 30 Minuten gehen lassen.

2. Das Hackfleisch in eine Schüssel geben. Die Zwiebel schälen und fein würfeln. Die Tomaten waschen und würfeln. Die Peperoni putzen, waschen und fein würfeln. Alles mit dem Paprikapüree, Salz und Pfeffer zum Fleisch geben. Die Zutaten mit dem Blitzhacker noch feiner zerkleinern.

3. Den Backofen auf 275° vorheizen. Ein Backblech ausfetten. Das Ei mit der Milch verquirlen. Den Teig gut durchkneten und in 8 Teile teilen. Jedes Teil auf bemehlter Arbeitsfläche zu einem Oval ausrollen. 2 Teigovale auf das Blech legen. Je 1/8 der Hackfleischmasse darauf verstreichen. Die Ränder 2 cm nach innen klappen und mit verquirltem Ei bepinseln.

4. Die Fladen im Backofen (Mitte) etwa 10 Minuten bakken. Die restlichen Teile ebenso verarbeiten.

Fladenbrot

Pide

Zutaten für 4 kleine Fladen:
etwa 300 ccm Milch · 550 g Mehl
1 Päckchen Trockenhefe
etwa 1/2 Teel. Zucker
Salz · 2 Eier
Fett für das Backblech
1 Teel. Olivenöl
2 Eßl. Sesamsamen
1 Teel. Çörek otu (schwarzer Kümmel; türkisches Spezialgeschäft)

Für Gäste

Pro Stück etwa:
2500 kJ/600 kcal
22 g Eiweiß · 9 g Fett
110 g Kohlenhydrate

- Zubereitungszeit: etwa 1 Stunde
- Ruhezeit für den Teig: insgesamt etwa 50 Minuten

1. Die Milch wärmen, nicht erhitzen. 500 g Mehl in eine Schüssel sieben. Die Trockenhefe, 1 Prise Zucker und Salz daruntermischen. 1/4 l Milch und 1 Ei darunterrühren. Den Teig kräftig kneten. Zugedeckt an einem warmen Platz etwa 30 Minuten gehen lassen.

2. Den Backofen auf 275° vorheizen. Ein Backblech ausfetten. Die Hälfte des Teiges durchkneten und zu 2 Kugeln formen. Diese auf bemehlter Arbeitsfläche 1 cm dick ausrollen und auf das Blech legen. Etwa 10 Minuten gehen lassen.

3. Das restliche Ei mit 2 Eßlöffeln Milch, 1/2 Teelöffel Zucker und dem Olivenöl verquirlen. Den Teig mit bemehlten Fingerspitzen rautenförmig eindrükken und mit einer Gabel einstechen. Den Fladen mit der Hälfte der Eimischung bepinseln und mit dem Sesamsamen und dem schwarzen Kümmel bestreuen.

4. Den Fladen im Backofen (Mitte) etwa 10 Minuten bakken. Mit dem restlichen Teig ebenso verfahren.

Im Bild oben: Fladenbrot
Im Bild unten: Brotfladen mit Hackfleisch

Gefüllte Paprikaschoten in Olivenöl

Zeytinyağlı biber dolması

Zutaten für 4 Personen:
8 mittelgroße hellgrüne Paprikaschoten
150 g Patnareis
50 g kleine Korinthen
1 große Zwiebel
6 Eßl. Olivenöl, kaltgepreßt
50 g Pinienkerne
1 Teel. Zucker · Salz
je 1/2 Teel. Piment- und Zimtpulver
je 1/2 Bund Dill und glatte Petersilie
1 Zweig frische Minze (oder 1/2 Teel. Nane, getrocknete Minze; türkisches Spezialgeschäft)
2 mittelgroße Tomaten
1 unbehandelte Zitrone
Zum Garnieren:
1 unbehandelte Zitrone
1/2 Bund glatte Petersilie

Braucht etwas Zeit

Pro Paprikaschote etwa:
1800 kJ/430 kcal
9 g Eiweiß · 21 g Fett
54 g Kohlenhydrate

- Zubereitungszeit: etwa 2 Stunden

1. Die Paprikaschoten mit einem spitzen Messer vorsichtig um den Stiel ausschneiden und die Kerne und Rippen entfernen, ohne die Schoten zu beschädigen. Die Schoten auswaschen und mit der Öffnung nach unten in ein Sieb stellen.

2. Den Reis in einem Sieb kalt abbrausen und in einer Schüssel, knapp mit Wasser bedeckt, etwa 15 Minuten vorquellen lassen. Die Korinthen in einer Tasse, ebenfalls mit Wasser bedeckt, quellen lassen. Die Zwiebel schälen und sehr fein würfeln.

3. In einem Topf 3 Eßlöffel Olivenöl erhitzen und die Zwiebel darin glasig dünsten. Die Pinienkerne hinzufügen und kurz mitdünsten. Den Reis und die Korinthen zusammen in ein Sieb schütten, das Wasser abtropfen lassen und beides zu den Zwiebeln geben. Umrühren und kurz schmoren lassen. So viel Wasser angießen, daß alles knapp bedeckt ist. Die Gewürze dazugeben. Den Reis bei schwacher Hitze kochen, bis er das Wasser in etwa 15 Minuten aufgenommen hat. Den Reis abkühlen lassen.

4. Die Kräuter waschen, trockenschütteln und fein hacken. Unter den Reis rühren. Die Tomaten waschen. Von jeder Tomate 4 runde Deckel abschneiden.

5. Die Paprikaschoten mit dem Reis füllen. Die Öffnungen mit je 1 Tomatendeckel verschließen. Die Schoten mit der Öffnung nach oben in einen Topf setzen. Die Zitrone gründlich waschen und halbieren. Eine Hälfte auspressen. Etwa 4 Eßlöffel Wasser, das restliche Öl sowie den Zitronensaft dazugießen. Die andere Zitronenhälfte in Scheiben schneiden und die Scheiben zwischen die Schoten stecken.

6. Den Topf zudecken. Die Schoten zum Kochen bringen und bei schwacher Hitze in etwa 40 Minuten garen. Die Schoten im Topf abkühlen lassen. Die andere Zitrone waschen und achteln. Die Schoten auf einer Platte anrichten und mit den Zitronenachteln und einigen Petersilienblättchen garniert servieren.

Variante:

Tomaten und Weinblätter mit Reisfüllung

Zeytinyağlı domates dolması ve yaprak dolması

Auf ähnliche Art und mit der gleichen Füllung können Sie auch ausgehöhlte Tomaten und Weinblätter bereiten. Von den Tomaten einen Deckel abschneiden, das weiche Innere herauslöffeln und die Tomaten mit der vorbereiteten Reismischung füllen. Bei Tomaten genügen 25 Minuten Garzeit. Die eingelegten Weinblätter zuerst etwa 5 Minuten blanchieren und abtropfen lassen. Die Stiele abschneiden und auf die Stielansätze je 1 Teelöffel Reisfüllung legen. Die beiden Blattseiten darüber zusammenfalten und die Blätter bis zur Spitze aufrollen. Die Röllchen dicht nebeneinander in einen Topf legen und mit einem umgedrehten Teller beschweren. In etwa 25 Minuten garen.

Gefüllte Paprikaschoten in Olivenöl und gefüllte Tomaten gehören zu den in der Türkei sehr beliebten Sommergerichten.

Der Imam fiel in Ohnmacht

Imam bayıldı

Der Imam (Vorbeter) soll vor Entzücken über dieses Gericht in Ohnmacht gefallen sein.

Zutaten für 4 Personen:
4 mittelgroße Auberginen
Salz
2 mittelgroße Zwiebeln
2 mittelgroße Freilandtomaten
2 milde Peperoni
1 Bund glatte Petersilie
1 Teel. Zucker
3 Knoblauchzehen
6 Eßl. Olivenöl, kaltgepreßt

Raffiniert • Für Gäste

Pro Portion etwa:
850 kJ/200 kcal
5 g Eiweiß · 13 g Fett
17 g Kohlenhydrate

- Zubereitungszeit: etwa 1 3/4 Stunden

1. Die Auberginen am Stielansatz abschälen, den Stiel stehen lassen. Die Auberginen längs so abschälen, daß Streifen von 3–4 cm Breite entstehen. 1 Streifen pro Aubergine in der Mitte einschneiden. Die Auberginen etwa 30 Minuten in Salzwasser legen.

2. Die Zwiebeln schälen und in Ringe schneiden. Die Tomaten kochendheiß überbrühen, häuten und das Fruchtfleisch grob würfeln. Die Peperoni halbieren, Stiele, Kerne und Rippen entfernen. Die Schoten waschen und in Streifen schneiden. Die Petersilie waschen, trockenschütteln und feinhakken. Alles mit der Hand verkneten. Salzen und zuckern.

3. Die Auberginen ausdrükken. Die Schlitze auseinanderziehen und die Taschen mit dem Gemüse füllen. Die Auberginen in einen Topf legen. Die restliche Füllung auf die Schlitze legen. Die Knoblauchzehen schälen, in Stifte schneiden und diese in die Füllung stecken. Das Öl mit 1/4 l Wasser verrühren und über die Auberginen gießen.

4. Das Gericht etwa 10 Minuten zugedeckt bei starker Hitze ankochen, dann bei mittlerer Hitze in etwa 45 Minuten garen. Im Topf abkühlen lassen.

Artischockenböden in Öl

Zeytinyağlı enginar

Zutaten für 4 Personen:
4 große runde Artischocken
2 Zitronen
1 Eßl. Mehl
Salz
8 Schalotten
2 mittelgroße Möhren
100 g Sellerieknolle
2 mittelgroße Kartoffeln
5 Eßl. Olivenöl, kaltgepreßt
1 Teel. Zucker
Pfeffer, frisch gemahlen
1 Bund Dill
50 g tiefgekühlte Erbsen

Vegetarisch

Pro Portion etwa:
940 kJ/220 kcal
5 g Eiweiß · 11 g Fett
27 g Kohlenhydrate

- Zubereitungszeit: etwa 1 3/4 Stunden

1. Die Blätter der Artischocken dicht am Boden abschneiden. Das Heu mit einem Eßlöffel abkratzen. Die Zitronen halbieren, 3 Hälften auspressen. Die Artischockenböden mit der restlichen Zitronenhälfte abreiben. Vom Stiel etwa 2 cm stehen lassen, diesen dünn abschälen. Die Artischockenböden sofort in Wasser legen, den Zitronensaft, das Mehl und Salz dazugeben. Die Schalotten schälen. Die Möhren, die Sellerieknolle und die Kartoffeln schälen und fein würfeln.

2. Das Gemüse und die Artischocken in einen Topf geben. Das Öl, den Zucker und etwas Pfeffer hinzufügen. Das Artischockenwasser dazugießen und alles zugedeckt etwa 30 Minuten bei mittlerer Hitze kochen. Den Dill waschen, die Blättchen abzupfen. Die Erbsen und die Hälfte des Dills dazugeben. Das Gericht in weiteren 10 Minuten garen.

3. Das Gemüse abkühlen lassen. Je 1 Artischocke mit dem Stiel nach oben anrichten. Das Gemüse rundherum legen. Mit dem restlichen Dill garnieren.

Im Bild oben:
Der Imam fiel in Ohnmacht
Im Bild unten:
Artischockenböden in Öl

Grüne Bohnen in Olivenöl

Zeytinyağlı taze fasulye

Lassen Sie das Gemüse einige Zeit durchziehen, dann entfaltet sich sein Aroma noch besser.

Zutaten für 4 Personen:
500 g grüne Bohnen
2 große Zwiebeln
3 mittelgroße Tomaten
6 Eßl. Olivenöl, kaltgepreßt
1 Teel. Zucker · Salz
Zum Garnieren:
1 unbehandelte Zitrone

Vegetarisch
Gelingt leicht

Pro Portion etwa:
780 kJ/190 kcal
4 g Eiweiß · 13 g Fett
13 g Kohlenhydrate

- Zubereitungszeit: etwa 1 1/4 Stunden

1. Die Bohnen waschen, die Fäden abziehen und das Gemüse in 5 cm lange Stücke schneiden. Die Zwiebeln schälen und in Würfel schneiden. Die Tomaten kochendheiß überbrühen und häuten. Die Stielansätze herausschneiden und das Fruchtfleisch in Würfel schneiden.

2. Die Bohnen mit den Zwiebeln, den Tomaten, dem Olivenöl, dem Zucker und Salz in einen Topf geben und mit den Händen gut durchkneten. Etwa 10 Minuten zugedeckt bei starker Hitze kochen. Dabei den Topf öfter rütteln, damit das Gemüse nicht ansetzt. Wenn sich die Bohnen leicht gelblich färben, 1/8 l Wasser angießen, umrühren und das Gericht bei mittlerer Hitze in 10–20 Minuten garen, bis die Bohnen weich sind.

3. Das Gemüse zum Abkühlen beiseite stellen. Die Zitrone gründlich waschen und in feine Scheiben schneiden. Die Bohnen auf einer Platte anrichten und mit den Zitronenscheiben garniert servieren.

Zucchinipuffer

Mücver

Eines der vielen vegetarischen Gerichte der anatolischen Küche, das lauwarm auch gut zur Rakı-Tafel paßt.

Zutaten für 4 Personen:
800 g möglichst kleine Zucchini
Salz
3 Frühlingszwiebeln
1 Bund Dill
1/2 Bund glatte Petersilie
2 große Eier
3 gehäufte Eßl. Mehl
Pfeffer, frisch gemahlen
1/8 l Sonnenblumenöl zum Ausbacken

Vegetarisch • Preiswert

Pro Portion etwa:
1100 kJ/260 kcal
8 g Eiweiß · 20 g Fett
13 g Kohlenhydrate

- Zubereitungszeit: etwa 1 Stunde

1. Die Zucchini waschen, die Stengel- und Blütenansätze abschneiden; schadhafte Stellen ausschneiden. Die Zucchini auf der groben Gemüsereibe raspeln. 1 Teelöffel Salz darüber streuen und das Gemüse etwa 10 Minuten Wasser ziehen lassen. Die Zucchinimasse in ein feines Sieb geben und gut ausdrücken.

2. Die Zwiebeln putzen und in feine Ringe schneiden. Die Kräuter waschen, trockenschütteln und sehr fein hacken. Zusammen mit den Zucchini und den Frühlingszwiebeln in eine Schüssel geben. Die Eier, das Mehl, etwas Pfeffer und nach Geschmack noch etwas Salz dazugeben und alles gut durchmischen.

3. So viel Sonnenblumenöl in eine Pfanne geben, daß der Boden dünn bedeckt ist. Das Öl erhitzen. Jeweils 1 gehäuften Eßlöffel Gemüseteig in das Öl geben und zu flachen Puffern von 6–8 cm Durchmesser formen. Je 4 Puffer auf beiden Seiten goldgelb backen.
Die Puffer zum Entfetten auf Küchenpapier legen. Lauwarm oder kalt servieren.

Im Bild oben:
Grüne Bohnen in Olivenöl
Im Bild unten: Zucchinipuffer

Gebackene Muscheln mit Mandelsauce

Taratorlu midye tavası

Auf dem Balık Pazarı, dem Fischmarkt im Istanbuler Stadtteil Beyoğlu, werden diese Muscheln in großen Kupferkesseln zubereitet. Sie schmekken gut zu Rakı.

Zutaten für 4 Personen:
100 g gemahlene Mandeln
2 Scheiben Toastbrot
Saft von 1 Zitrone
3–4 Eßl. Sonnenblumenöl
1 Knoblauchzehe
Salz
40 vorgegarte tiefgefrorene Miesmuscheln
3 Eßl. Mehl
8 Holzspießchen
Für den Ausbackteig:
3 Eßl. Mehl
1 Eßl. Stärkemehl
1 Eigelb
1 Schuß Bier
Salz
Sonnenblumenöl zum Ausbacken

Raffiniert • Für Gäste

Pro Portion etwa:
2000 kJ/480 kcal
20 g Eiweiß · 36 g Fett
20 g Kohlenhydrate

- Zubereitungszeit: etwa 1 Stunde

1. Zuerst die Sauce zubereiten. Dafür die gemahlenen Mandeln in eine Schüssel geben. Das Toastbrot von der Rinde befreien, in wenig Wasser einweichen, ausdrücken und mit dem Zitronensaft und dem Öl zu den Mandeln geben. Alles zu einer geschmeidigen Masse verarbeiten.

2. Die Knoblauchzehe schälen und durch die Presse zu der Mandelmasse drücken. Alles gut durchmischen. So viel Wasser angießen, daß eine dickflüssige Sauce entsteht. Mit Salz abschmecken.

3. Die Muscheln waschen und mit Küchenpapier trockentupfen. Das Mehl auf einen Teller geben und die Muscheln darin wälzen. Überschüssiges Mehl abschütteln. Für den Teig das Mehl, das Stärkemehl und das Eigelb mit 1 Schuß Bier und etwas Salz zu einer dünnflüssigen Masse verrühren.

4. Je 5 Muscheln auf Holzspießchen stecken. Reichlich Öl in einem Fritiertopf oder einer Friteuse erhitzen. Die Spießchen mit den Muscheln durch den Teig ziehen und im heißen Öl schwimmend hellbraun ausbacken. Auf Küchenpapier entfetten. Zusammen mit der Sauce servieren.

Seebarsch im Päckchen

Levrek kağıtta

In Butterbrotpapier verpackt, gart der Fisch im eigenen Saft und behält dadurch seinen vollen Geschmack.

Für 4 Personen:
700 g Seebarschfilet, nicht zu dick geschnitten, ersatzweise Rotbarschfilet
Butterbrotpapier
100 g Butter
Salz
Pfeffer, frisch gemahlen
1 große Freilandtomate
1 unbehandelte Zitrone

Für Gäste

Pro Portion etwa:
1400 kJ/330 kcal
33 g Eiweiß · 22 g Fett
3 g Kohlenhydrate

- Zubereitungszeit: etwa 1 Stunde

1. Den Fisch kalt waschen und abtrocknen. Den Fisch in 8 gleich große Portionen teilen. Viermal 2 Blatt Butterbrotpapier aufeinanderlegen. Die Hälfte der Butter in einem Pfännchen zerlassen und die Papiere damit bepinseln. Etwas Salz und Pfeffer darauf streuen. Die Tomate waschen und in 4 dicke Scheiben schneiden.

2. Die Zitrone waschen, 4 dünne Scheiben abschneiden. Je eine Fischscheibe auf das Papier legen, salzen, pfeffern und mit je 1 Tomatenscheibe belegen. Die zweite Fischscheibe darauf legen. Diese wieder leicht salzen und pfeffern. Mit je 1 Zitronenscheibe bedecken. Je 1 Butterflöckchen darauflegen.

3. Den Backofen auf 180° vorheizen. Das Papier rechts und links über dem Fisch zusammenfügen und zweimal falten. Die gegenüberliegenden Enden zu Spitzen knicken und diese dann unter die Päckchen stecken. Die Päckchen auf den Rost im Backofen (Mitte) legen und den Fisch in 15–20 Minuten garen.

4. Die Päckchen auf vorgewärmte Teller legen. Die Faltstellen oben vorsichtig auseinanderziehen und die schmalen Seiten zur Mitte leicht zusammenschieben, so daß sich die Päckchen oben öffnen. Den Fisch im Päckchen servieren. Dazu paßt frisches Weißbrot.

Garnelen im Tontöpfchen

Karides güveci

Zutaten für 4 Personen:
4 Schalotten
2 Knoblauchzehen
3 mittelgroße Tomaten
2 milde Peperoni
60 g Butter · 2 Lorbeerblätter
1/8 l trockener Weißwein
Salz · Pfeffer, frisch gemahlen
1 Prise Cayennepfeffer
300 g vorgegarte Garnelen
75 g Kaschar-Käse, frisch gerieben
(ersatzweise Emmentaler)

Für Gäste • Raffiniert

Pro Portion etwa:
1200 kJ/290 kcal
20 g Eiweiß · 19 g Fett
5 g Kohlenhydrate

- Zubereitungszeit: etwa 45 Minuten

1. Die Schalotten schälen und in feine Würfel schneiden, die Knoblauchzehen schälen und kleinhacken. Die Tomaten kochendheiß überbrühen und häuten. Das Fruchtfleisch würfeln. Die Peperoni waschen, die Stiele abschneiden und die Schoten in Ringe schneiden.

2. Den Backofen auf 220° vorheizen. 4 Tonförmchen mit etwa 20 g Butter ausfetten.

3. Die restliche Butter in einer Pfanne zerlassen. Die Lorbeerblätter in große Stücke brechen und kurz darin anrösten. Das Gemüse in die Pfanne geben, anschmoren, den Wein dazugießen und alles etwa 3 Minuten bei schwacher Hitze schmoren lassen. Mit Salz, Pfeffer und dem Cayennepfeffer abschmecken. Die Garnelen unterheben und kurz miterhitzen.

4. Das Gemüse mit den Garnelen auf die Tontöpfchen verteilen und mit dem Käse bestreuen. Im Backofen (Mitte) überbacken, bis sich der Käse golden zu färben beginnt. Mit Weißbrot zu Rakı servieren.

Schwertfisch am Spieß

Kılıçbalığı şişte

Marinierter Schwertfisch entfaltet sein köstliches Aroma am besten beim Grillen.

Zutaten für 4 Personen:
800 g Schwertfischsteaks, frisch
oder tiefgekühlt
1 mittelgroße Zwiebel
2 Eßl. Zitronensaft
3 Eßl. Sonnenblumenöl
Salz · Pfeffer, frisch gemahlen
12 Lorbeerblätter
4 milde oder scharfe Peperoni
1 unbehandelte Zitrone
4 lange Metallspieße
1 Bund Rauke (Rucola)

Raffiniert

Pro Portion etwa:
2300 kJ/550 kcal
42 g Eiweiß · 36 g Fett
4 g Kohlenhydrate

- Marinierzeit: etwa 2 Stunden
- Zubereitungszeit: etwa 30 Minuten

1. Den Fisch, falls notwendig, über Nacht im Kühlschrank auftauen lassen. Danach waschen und trockentupfen. Den Fisch in Würfel von 3 cm Kantenlänge schneiden.

2. Die Zwiebel schälen und fein reiben, mit dem Zitronensaft und dem Öl verrühren, salzen und pfeffern. Die Fischwürfel in der Marinade wenden, mit den Lorbeerblättern bedecken und mindestens 2 Stunden im Kühlschrank ziehen lassen.

3. Die Peperoni waschen, die Stiele abschneiden. Die Schoten samt den Kernen in 3 cm lange Stücke schneiden. Die Zitrone waschen und in dünne Scheiben schneiden. Die Scheiben halbieren.

4. Die Fischwürfel, die Peperoni und die Zitrone abwechselnd auf die Spieße stecken und auf dem Rost pro Seite etwa 5–6 Minuten grillen. Mit der restlichen Marinade bepinseln.

5. Die Rauke waschen und trockenschütteln. Die Blätter auf 4 Teller verteilen. Darauf je 1 Spieß anrichten.

Im Bild oben:
Garnelen im Tontöpfchen
Im Bild unten:
Schwertfisch am Spieß

Zucchini mit Hackfleisch

Etli kabak dolması

In der Türkei teilt man die Zucchini meist quer. Einfacher ist es, sie längs zu halbieren.

Zutaten für 4 Personen:
1 kg mittelgroße Zucchini
2 mittelgroße Zwiebeln
80 g Butter · 60 g Patnareis
400 g Hackfleisch vom Rind
Salz · Pfeffer, frisch gemahlen
1 Bund Dill
1/2 Bund glatte Petersilie
1/2 Teel. Nane (getrocknete Minze; türkisches Spezialgeschäft)
300 g säuerlicher Joghurt
2 Knoblauchzehen

Braucht etwas Zeit

Pro Portion etwa:
2000 kJ/480 kcal
29 g Eiweiß · 32 g Fett
21 g Kohlenhydrate

- Zubereitungszeit: etwa 1 3/4 Stunden

1. Die Zucchini waschen und putzen. Die Schalen leicht abschaben. Die Zucchini längs halbieren, das Fruchtfleisch mit den Kernen mit einem Löffel herausholen und hacken. Die Zwiebeln schälen und würfeln.

2. 30 g Butter in einer Kasserolle zerlassen und die Zwiebeln mit dem Reis darin glasig dünsten. Das Fruchtfleisch dazugeben. 1/8 l Wasser angießen und alles etwa 10 Minuten zugedeckt bei schwacher Hitze garen. Abkühlen lassen.

3. Das Hackfleisch mit der Masse verkneten, salzen und pfeffern. Die Kräuter waschen, trockenschütteln und fein hakken. Unter die Hackfleischmasse kneten. Die Minze dazugeben. Die Zucchinihälften mit der Masse füllen und mit der Füllung nach oben in einen Topf setzen. Die restliche Butter in Flöckchen obenauf verteilen. Knapp 1/4 l Wasser angießen und das Gericht bei mittlerer Hitze zugedeckt in 35–40 Minuten garen.

4. Den Joghurt in einer Schüssel cremig rühren. Salzen. Den Knoblauch schälen, durch die Presse dazu drücken und unterrühren. Das Gemüse aus dem Sud heben und mit dem Knoblauchjoghurt servieren.

Okraschoten mit Lammfleisch

Kuzu etli bamya

Zutaten für 4 Personen:
500 g Okraschoten (3–5 cm lang)
Saft von 1 Zitrone
500 g Lammfleisch aus der Keule
3 mittelgroße Zwiebeln
2 mittelgroße Tomaten
40 g Butter oder Margarine
Salz · Pfeffer, frisch gemahlen
1/2 Teel. edelsüßes Paprikapulver

Braucht etwas Zeit

Pro Portion etwa:
1100 kJ/260 kcal
29 g Eiweiß · 13 g Fett
9 g Kohlenhydrate

- Zubereitungszeit: etwa 1 1/2 Stunden

1. Die Okraschoten waschen und putzen. Das Fruchtfleisch nicht verletzen, sonst werden die Bamya schleimig. Die Stiele abschälen, so daß sie wie spitze Bleitstifte aussehen. Den Zitronensaft in eine Schüssel geben und die Okraschoten hineinlegen. So viel Wasser dazugeben, daß die Schoten bedeckt sind. Das Fleisch in mundgerechte Stücke schneiden. Die Zwiebeln schälen und würfeln. Die Tomaten kochendheiß überbrühen, häuten und das Fruchtfleisch in große Würfel schneiden.

2. Die Butter in einer Kasserolle erhitzen. Das Fleisch hineingeben und auf allen Seiten scharf anbraten. Die Zwiebeln dazugeben und glasig dünsten. Die Tomatenwürfel in den Topf geben, etwa 3 Minuten mitschmoren. 1/2 l Wasser angießen. Salzen und mit Pfeffer und dem Paprikapulver würzen. Das Fleisch etwa 30 Minuten bei mittlerer Hitze zugedeckt köcheln lassen. Die Okraschoten in einem Sieb abtropfen lassen und unterheben. Das Gericht in etwa 15 Minuten fertiggaren.

Bild oben: Zucchini mit Hackfleisch
Bild unten: Okraschoten mit Lammfleisch

Spinat mit Hackfleisch und Joghurt

Kıymalı ıspanak

Ein Eintopfgericht für heiße Sommertage.

Zutaten für 4 Personen:
1 kg Spinat
2 mittelgroße Zwiebeln
40 g Butter
200 g Hackfleisch vom Rind
60 g Patnareis
Salz · Pfeffer, frisch gemahlen
1/2 Teel. edelsüßes Paprikapulver
300 g säuerlicher Joghurt

Preiswert

Pro Portion etwa:
1200 kJ/290 kcal
19 g Eiweiß · 16 g Fett
16 g Kohlenhydrate

- Zubereitungszeit: etwa 1 1/4 Stunden

1. Den Spinat verlesen und waschen, abtropfen lassen und grob hacken. Die Zwiebeln schälen und fein würfeln.

2. Die Butter in einem großen Topf zerlassen und die Zwiebeln darin glasig dünsten. Das Hackfleisch dazugeben, mit dem Kochlöffel fein zerkleinern, etwa 5 Minuten anbraten. Den Spinat unterrühren, 1/4 l Wasser dazugießen und das Gemüse bei mittlerer Hitze zusammenfallen lassen. Den Reis dazugeben, das Gericht mit Salz, Pfeffer und dem Paprikapulver abschmecken. Die Hitze reduzieren und alles in etwa 30 Minuten garen. Eventuell noch Wasser zufügen.

3. Den Joghurt in einer Kaffeefiltertüte etwa 15 Minuten abtropfen lassen. In eine Schüssel geben und glattrühren. Den Spinat anrichten und den Joghurt dazu reichen.

Gefüllte Auberginen

Karnıyarık

Zutaten für 4 Personen:
4 mittelgroße Auberginen
6 Eßl. Olivenöl, kaltgepreßt
2 mittelgroße Zwiebeln
4 mittelgroße Tomaten
250 g Hackfleisch vom Rind
1 Eßl. Tomatenmark
1 Bund glatte Petersilie
Salz
Pfeffer, frisch gemahlen
1 Prise Zucker
2 milde oder scharfe Peperoni

Braucht etwas Zeit

Pro Portion etwa:
1400 kJ/330 kcal
19 g Eiweiß · 22 g Fett
17 g Kohlenhydrate

- Zubereitungszeit: etwa 1 1/2 Stunden

1. Die Auberginen waschen, am Stielansatz rundum abschälen, den Stiel nicht entfernen. Von den Auberginen im Abstand von 1 cm längs je 1 cm breite Streifen abschälen.

2. 5 Eßlöffel Öl in einer Pfanne erhitzen und die Auberginen darin rundherum anbraten. In eine Auflaufform legen. In jede Aubergine oben einen tiefen Schlitz schneiden.

3. Die Zwiebeln schälen und würfeln. 3 Tomaten kochendheiß überbrühen, häuten und das Fruchtfleisch in Würfel schneiden.

4. Das restliche Öl in einer Pfanne erhitzen, das Hackfleisch darin anbraten. Die Zwiebeln, die Tomaten und das Tomatenmark hinzufügen und anschmoren. Die Pfanne von der Kochstelle nehmen.

5. Den Backofen auf 180° vorheizen. Die Petersilie waschen, trockenschütteln und feinhacken. Zum Hackfleisch geben. Alles mit Salz, Pfeffer und dem Zucker abschmecken. Die Masse in die Auberginentaschen füllen. Die Peperoni waschen, die Stiele entfernen und die Schoten längs halbieren. Die restliche Tomate waschen und in Scheiben schneiden. Auf jede Aubergine eine Peperonihälfte und 1–2 Tomatenscheiben legen. 1/8 l warmes Wasser angießen. Die Auberginen offen im Backofen (Mitte) etwa 30 Minuten backen. Heiß servieren.

Im Bild oben: Gefüllte Auberginen
Im Bild unten:
Spinat mit Hackfleisch und Joghurt

Kichererbsen mit Lamm

Etli nohut

Dieses Gericht schmeckt besonders herzhaft, wenn Sie Sucuk, türkische Knoblauchwurst, mit erwärmen.

Zutaten für 4 Personen:
- *250 g getrocknete Kichererbsen*
- *300 g Lammfleisch aus der Keule*
- *2 mittelgroße Zwiebeln*
- *2 milde Peperoni*
- *2 mittelgroße Tomaten*
- *40 g Butter*
- *Salz · Pfeffer, frisch gemahlen*
- *1 Teel. edelsüßes Paprikapulver*
- *1 Messerspitze Cayennepfeffer*

Gelingt leicht

Pro Portion etwa:
1600 kJ/380 kcal
29 g Eiweiß · 13 g Fett
35 g Kohlenhydrate

- Einweichzeit für die Kichererbsen: etwa 12 Stunden
- Zubereitungszeit: etwa 1 1/2 Stunden

1. Die Kichererbsen verlesen, kalt abbrausen und über Nacht in reichlich Wasser einweichen.

2. Am nächsten Tag die Erbsen im Einweichwasser etwa 15 Minuten kochen.

3. Das Lammfleisch waschen, trockentupfen und in mundgerechte Stücke schneiden. Die Zwiebeln schälen und fein würfeln. Die Peperoni waschen, den Stiel und die Kerne mit den Rippen entfernen. Die Peperoni in Stücke schneiden. Die Tomaten kochendheiß überbrühen, häuten und das Fruchtfleisch grob würfeln.

4. Die Butter in einem Topf erhitzen und das Fleisch und die Zwiebeln darin anschmoren. Die Peperoni und die Tomaten dazugeben und kurz mitschmoren. Die Kichererbsen in ein Sieb schütten, dann zum Fleisch geben. Etwa 1/4 l Wasser dazugießen, alles gut durchmischen. Mit Salz, Pfeffer, dem Paprikapulver und dem Cayennepfeffer abschmecken. Das Gericht in etwa 35 Minuten garen.

Gemüsetopf mit Huhn

Tavuk güveci

Zutaten für 4 Personen:
- *4 Poulardenkeulen*
- *Salz · Pfeffer, frisch gemahlen*
- *2 mittelgroße Zwiebeln*
- *5 milde Peperoni*
- *3 große Tomaten*
- *3 Kartoffeln*
- *3 kleine Auberginen*
- *5 Eßl. Olivenöl · 30 g Butter*
- *1 Bund glatte Petersilie*

Braucht etwas Zeit

Pro Portion etwa:
1900 kJ/450 kcal
39 g Eiweiß · 22 g Fett
26 g Kohlenhydrate

- Zubereitungszeit: etwa 2 1/4 Stunden

1. Die Poulardenkeulen waschen, trockentupfen und Ober- und Unterschenkel mit einer Geflügelschere trennen. Mit Salz und Pfeffer bestreuen. Die Zwiebeln schälen, vierteln und in Streifchen schneiden. Die Peperoni von den Stielen befreien, längs halbieren, die Kerne und Rippen entfernen. Die Schoten waschen und kleinschneiden. Die Tomaten kochendheiß überbrühen, häuten und vierteln. Die Kartoffeln schälen, waschen und grob würfeln. Die Auberginen waschen, die Stielansätze abschneiden. Die Früchte in große Würfel schneiden.

2. Den Backofen auf 180° vorheizen. 2 Eßlöffel Öl in einer Pfanne erhitzen und das Fleisch darin anbraten. In eine Auflaufform, wenn möglich einen Güveçtopf, legen. In dem restlichen Öl nach und nach alle Gemüse anbraten, mit Salz und Pfeffer bestreuen und zum Fleisch geben. Etwas Wasser dazugießen. Die Butter in Flöckchen auf das Gemüse setzen und die Form mit Alufolie verschließen.

3. Das Gericht im Backofen (Mitte) in etwa 1 1/2 Stunden garen. Die Petersilie waschen, trockenschütteln, hacken und darauf streuen.

Im Bild oben: Kichererbsen mit Lamm
Im Bild unten: Gemüsetopf mit Huhn

Frauenschenkel-Frikadellen

Kadınbudu köfte

Der Name des Gerichts stammt von der Form der Frikadellen.

Zutaten für 4 Personen:
1 mittelgroße Zwiebel
50 g Butter · 50 g Patnareis
Salz · 750 g Hackfleisch vom Rind
3 Eier · Pfeffer, frisch gemahlen
1 Messerspitze Pimentpulver
1 Bund glatte Petersilie
3 Eßl. Mehl
8 Eßl. Sonnenblumenöl

Für Gäste

Pro Portion etwa:
3000 kJ/710 kcal
49 g Eiweiß · 50 g Fett
16 g Kohlenhydrate

- Zubereitungszeit: etwa 1 1/2 Stunden

1. Die Zwiebel schälen und würfeln. In einem Topf die Hälfte der Butter zerlassen und die Zwiebel darin glasig dünsten. Den Reis dazugeben und glasig werden lassen. 200 ccm Wasser und Salz dazugeben. Den Reis zugedeckt bei mittlerer Hitze in etwa 20 Minuten garen.

2. Den Reis abkühlen lassen. Das Hackfleisch in 2 Teile teilen. Die eine Hälfte in der restlichen Butter braun anbraten, abkühlen lassen und mit der anderen Hälfte mischen. Das Hackfleisch zum Reis geben. 1 Ei, reichlich Pfeffer und das Pimentpulver hinzufügen.

3. Die Petersilie waschen, trockenschütteln und fein hakken. Mit dem Fleisch und dem Reis verkneten, salzen. Das Mehl auf einen Teller sieben. In einem Schüsselchen die restlichen Eier verquirlen.

4. Das Öl in einer Pfanne erhitzen. Aus je 1 gehäuften Eßlöffel Hackfleischmasse mit angefeuchteten Händen eiförmige Frikadellen formen. Diese leicht abflachen und zuerst in dem Mehl, dann in dem Ei wenden und in die Pfanne geben. Die Frikadellen auf beiden Seiten knusprig braten. Mit Salat servieren.

Lammspieße mit Auberginen

Patlıcanli kebap

Zutaten für 4 Personen:
600 g Lammfleisch aus der Keule
4 kleine Auberginen
4 Metallspieße
4 Eßl. Olivenöl
Salz · Pfeffer, frisch gemahlen
Zum Garnieren:
1 Bund glatte Petersilie
1 mittelgroße Tomate · 1 Zitrone

Gelingt leicht

Pro Portion etwa:
2000 kJ/480 kcal
29 g Eiweiß · 35 g Fett
9 g Kohlenhydrate

- Zubereitungszeit: etwa 45 Minuten

1. Das Lammfleisch waschen und trockentupfen. Das Fleisch von Häutchen und Sehnen befreien und in Würfel mit 2 1/2 cm Kantenlänge schneiden.

2. Die Auberginen waschen und die Stiele an den Ansätzen abschneiden. In 2 1/2 cm Abstand längs Streifen abschälen. Die Auberginen in 2 cm dicke Scheiben schneiden.

3. Abwechselnd das Fleisch und die Auberginenscheiben auf die Grillspieße stecken und gut mit dem Olivenöl bepinseln. Mit Salz und Pfeffer bestreuen. Die Spieße insgesamt 8–10 Minuten grillen.

4. Die Petersilie waschen und trockenschütteln. Die Stiele unten abschneiden. Die Tomate waschen und achteln. Die Zitrone vierteln.

5. Die Petersilie auf einer Platte verteilen und die Spieße darauf anrichten. Mit den Tomatenachteln und den Zitronenvierteln garnieren.

Im Bild oben:
Frauenschenkel-Frikadellen
Bild unten:
Lammspieße mit Auberginen

Fleischbällchen in Zitronensauce

Terbiyeli köfte

Zutaten für 4 Personen:
500 g Hackfleisch vom Rind
100 g Patnareis
1 große Zwiebel
2 Eier
Salz · Pfeffer, frisch gemahlen
30 g Butter
Saft von 1 Zitrone
1/2 Bund glatte Petersilie
1/2 Teel. edelsüßes Paprikapulver

Gelingt leicht

Pro Portion etwa:
1900 kJ/450 kcal
34 g Eiweiß · 27 g Fett
23 g Kohlenhydrate

- Zubereitungszeit: etwa 1 1/4 Stunden

1. Das Hackfleisch in eine Schüssel geben. Den Reis abbrausen, abtropfen lassen und zum Fleisch geben. Die Zwiebel schälen und zum Fleisch reiben. 1 Ei, Salz und Pfeffer zufügen und alles gut verkneten. Aus der Masse walnußgroße Bällchen formen.

2. In einem breiten Topf 3/4 l Wasser mit der Butter und 1/2 Teelöffel Salz zum Sieden bringen. Die Bällchen vorsichtig einlegen. Bei schwacher Hitze etwa 20 Minuten ziehen lassen. Vom Herd nehmen.

3. Den Zitronensaft in ein Schüsselchen gießen. Das zweite Ei dazugeben und alles verquirlen. Einige Eßlöffel Fleischsud hineinquirlen und die Mischung unter Umrühren zu den Fleischbällchen gießen. Wieder erhitzen, jedoch nicht mehr kochen lassen. Mit Salz und Pfeffer abschmecken. Die Petersilie waschen, trockenschütteln und fein hacken. Mit dem Paprikapulver über die Fleischbällchen streuen. Heiß servieren.

Geschmortes Lammbein

Incik kebabı

Zutaten für 4 Personen:
4 untere Teile von der Lammkeule (beim türkischen Metzger bestellen)
3 Eßl. Mehl
30 g Butter
4 Eßl. Olivenöl
Salz · Pfeffer, frisch gemahlen
1 große Möhre
150 g Sellerieknolle
1 mittelgroße Zwiebel
2 Knoblauchzehen
2 Zweige frischer Thymian (oder 1/2 Teel. getrockneter Thymian)
100 g tiefgekühlte Erbsen

Braucht etwas Zeit

Pro Portion etwa:
2500 kJ/600 kcal
35 g Eiweiß · 46 g Fett
13 g Kohlenhydrate

- Zubereitungszeit: etwa 1 1/2 Stunden

1. Den Backofen auf 220° vorheizen. Von den Lammbeinen die Häutchen abziehen, das Fleisch waschen, trockentupfen und mit Mehl bestäuben.

2. Die Butter und 2 Eßlöffel Olivenöl in einem Schmortopf erhitzen und die Lammteile rundum darin anbraten. Salzen und pfeffern. 1/4 l heißes Wasser dazugießen. Den Deckel aufsetzen und den Topf in den Backofen (Mitte) stellen. Nach etwa 15 Minuten den Backofen auf 180° herunterschalten und das Fleisch weitere 30 Minuten garen. Zwischendurch das Fleisch begießen.

3. Die Möhren und die Sellerieknolle schälen, waschen und würfeln. Die Zwiebel schälen und ebenfalls würfeln. Den Knoblauch schälen und fein hacken.

4. In einem Topf das restliche Olivenöl erhitzen und das Gemüse darin anschmoren. Den Thymian waschen und ohne die harten Stiele dazugeben. Mit 3–4 Eßlöffeln Wasser befeuchten und das Gemüse zugedeckt etwa 15 Minuten bei mittlerer Hitze dünsten. Die Erbsen und noch 2–3 Eßlöffel Wasser dazugeben. Alles weitere 15 Minuten garen. Das Gemüse zum Fleisch geben und servieren.

Bild oben: Fleischbällchen in Zitronensauce
Bild unten: Geschmortes Lammbein

Scharfe Hackfleisch-spieße

Adana kebabı

Scharfe gewürzte Speisen ißt man vor allem im heißen Südosten der Türkei, doch das nach der größten Stadt dieser Region genannte Kebap ist im ganzen Land beliebt. Es schmeckt am besten vom Holzkohlengrill.

Zutaten für 4 Personen:
800 g Hackfleisch von Lamm- oder Rind
1 mittelgroße Zwiebel
Salz
Pfeffer, frisch gemahlen
1 Messerspitze Kreuzkümmel
1 Teel. scharfes Paprikapulver
1 Teel. Pul biber (Plättchenpaprika; türkisches Spezialgeschäft)
2 mittelgroße Tomaten
8 lange grüne, scharfe oder milde Peperoni
8 Fleischspieße (im Original knapp 1 cm breit und flach)
3 kleine dünne Fladenbrote
30 g Butter
1 Teel. Olivenöl
2 Bund glatte Petersilie

Für Gäste
Gelingt leicht

Pro Portion etwa:
3100 kJ/740 kcal
52 g Eiweiß · 37 g Fett
53 g Kohlenhydrate

- Zubereitungszeit: etwa 1 Stunde

1. Das Hackfleisch in eine Schüssel geben. Die Zwiebel schälen und dazureiben. Salz, reichlich Pfeffer, den Kreuzkümmel, das Paprikapulver und den Plättchenpaprika dazugeben und alles gründlich verkneten.

2. Den Grill vorheizen.

3. Die Tomaten waschen und halbieren, die Stielansätze herausschneiden. Die Peperoni nur waschen.

4. Das Fleisch in 8 Portionen teilen und um die Metallspieße 12–15 cm lange, dünne Frikadellen formen. Das Fladenbrot in Streifen schneiden. Die Butter zerlassen und die Brotstreifen damit bepinseln.

5. Den Grillrost leicht mit dem Öl bepinseln und die Spieße auf jeder Seite 5–8 Minuten grillen. Die ganzen Peperoni und die Tomatenhälften am Rand des Grills mitgrillen. Die Brotstreifen am äußeren Rand des Grills warm machen.

6. Die Petersilie waschen und trockenschütteln. 4 flache Teller am Rand mit je 1/2 Kräuterbund garnieren. Die warmen Brotstreifen auf die Teller verteilen und das Fleisch und das gegrillte Gemüse darauf anrichten.

Tip!

Das Adana kebabı wird häufig zusätzlich mit einer Portion Bulgur serviert. Wenn Sie keinen Grill haben, braten Sie das Kebap in einer großen Pfanne und wärmen das Fladenbrot im Backofen auf.

Variante:
Spieße mit Frikadellen
Şiş köfte

Die Spieße gibt es in fast jedem türkischen Restaurant. Das Hackfleisch wie beim Adana kebabı zubereiten, allerdings ohne das scharfe Paprikapulver und den Plättchenpaprika. Statt dessen 1–2 Knoblauchzehen schälen und durch die Presse dazugeben, außerdem fein gehackte Petersilie unter das Fleisch kneten. 1 Scheibe Toastbrot einweichen, ausdrücken und das Fleisch damit etwas strekken. Aus dem Fleisch etwa 4 cm lange ovale kleine Frikadellen formen. 4 Peperoni in etwa 3 cm lange Stücke schneiden, 2 Tomaten vierteln und alles abwechselnd mit den Frikadellen auf Spieße stecken und grillen. Die Frikadellen auf Petersilienblättchen anrichten und mit frischen Tomatenvierteln, Gurkenscheiben und

Für Freunde von türkischem Kebap eine interessante Variante: Scharfe Hackfleischspieße.

Gekochte Weizengrütze

Bulgur pilavı

Bulgur wird in der Türkei als Beilage oder als Zwischengericht mit Turşu, sauer eingelegtem Gemüse, serviert.

Zutaten für 4 Personen:
250 g Bulgur (Weizenschrot; türkisches Spezialgeschäft)
2 mittelgroße Zwiebeln
3 milde oder scharfe Peperoni
3 mittelgroße Tomaten
40 g Butter
3/4 l Gemüsebrühe
1 gehäufter Eßl. milde oder scharfe Salça (Paprikapaste; türkisches Spezialgeschäft)
Salz

Vegetarisch

Pro Portion etwa:
1300 kJ/310 kcal
9 g Eiweiß · 11 g Fett
14 g Kohlenhydrate

- Zubereitungszeit: etwa 1 Stunde

1. Den Bulgur in ein Sieb geben, kalt abbrausen und abtropfen lassen. Die Zwiebeln schälen und fein würfeln. Die Peperoni von Stielen und Stielansätzen befreien, längs halbieren. Die Kerne und Rippen entfernen. Die Schoten waschen und kleinschneiden. Die Tomaten kochendheiß überbrühen, häuten und fein würfeln.

2. Die Butter in einem Topf zerlassen. Zuerst die Zwiebeln, dann die anderen Gemüse darin anbraten. Den Bulgur, die Gemüsebrühe und die Paprikapaste hinzufügen. Alles gut verrühren und zum Kochen bringen. Die Hitze reduzieren. Den Bulgur bei mittlerer Hitze im offenen Topf etwa 15 Minuten kochen. Die Hitze reduzieren und den Bulgur zugedeckt noch etwa 30 Minuten garen und ausquellen lassen. Salzen.

Reis orientalisch

Iç pilav

Das Reisgericht stammt aus der ottomanischen Palastküche. Es wird heute vor allem zu festlichen Anlässen zubereitet.

Zutaten für 4 Personen:
250 g Patnareis
50 g kleine Korinthen
1 große Tomate
200 g Hühnerlebern
40 g Butter
50 g Pinienkerne
3/4 l Hühnerbrühe
Pfeffer, frisch gemahlen
1/2 Teel. Pimentpulver
1 Messerspitze Zimtpulver
1 Prise gemahlener Kreuzkümmel
Salz

Für Gäste

Pro Portion etwa:
2300 kJ/550 kcal
21 g Eiweiß · 22 g Fett
71 g Kohlenhydrate

- Zubereitungszeit: etwa 1 1/4 Stunden

1. Den Reis in einem Sieb kalt abbrausen und abtropfen lassen. Die Korinthen in Wasser einweichen. Die Tomate kochendheiß überbrühen und häuten. Die Tomate halbieren und die Hälften würfeln. Die Hühnerlebern kurz kalt waschen und trockentupfen. Die Lebern von Sehnen und Häutchen befreien und in Würfel schneiden.

2. Die Butter in einem Topf erhitzen. Die Leberwürfel darin anbraten, herausnehmen und beiseite stellen. Die Tomatenwürfel in der Butter anschmoren, die Pinienkerne dazugeben und mitbraten, bis sie sich leicht färben. Die Korinthen abgießen und dazugeben. Die Brühe angießen und alles zum Kochen bringen. Den Reis darunterrühren. Mit Pfeffer, dem Piment- und dem Zimtpulver sowie dem Kreuzkümmel würzen, salzen. Alles aufkochen lassen, dann die Hitze reduzieren. Die Hühnerleber vorsichtig unterheben.

3. Das Gericht in etwa 20 Minuten bei schwacher Hitze zugedeckt garen. Den Topf von der Kochstelle nehmen und zwischen Topf und Deckel eine doppelte Lage Küchenpapier legen, damit der Dampf aufgesaugt wird und der Reis schön trocken gerät.

Im Bild oben:
Reis orientalisch
Im Bild unten:
Gekochte Weizengrütze

Mandeldessert

Keşkül

Dieses Dessert können Sie auch mit Granatapfelkernen dekorieren.

Zutaten für 4 Personen:
80 g fein gemahlene Mandeln
1/2 l Milch
75 g Reismehl
100 g Zucker
Salz
50 g Kokosraspel
40 g gehackte Pistazienkerne

Einfach • Für Gäste

Pro Portion etwa:
2100 kJ/500 kcal
12 g Eiweiß · 28 g Fett
50 g Kohlenhydrate

- Zubereitungszeit: etwa 45 Minuten

1. Die gemahlenen Mandeln in ein Schüsselchen geben und so viel Milch hineinrühren, daß eine geschmeidige Paste entsteht. Das Reismehl mit etwa 4 Eßlöffeln Wasser verquirlen.

2. Die restliche Milch mit dem Zucker und etwas Salz in einen Topf geben und zum Kochen bringen. Die Milch von der Kochstelle nehmen, den Reismehlbrei dazugeben und gründlich mit dem Schneebesen schlagen. Die Mandelmasse und die Kokosraspel dazugeben. Den Topf wieder aufsetzen und alles unter Rühren bei schwacher Hitze kochen, bis ein fester Pudding entsteht.

3. Das Dessert auf Portionsschälchen verteilen und kühl stellen. Die Pistazienkerne auf das Dessert streuen.

Zuckerplätzchen in Sirup

Şekerpare

Diese Plätzchen werden nach dem Backen in dünnflüssigen Zuckersirup getaucht. Dann zergeht das Gebäck auf der Zunge!

Zutaten für etwa 18 Stück:
Für den Sirup:
750 g Zucker
Saft von 1/2 Zitrone
Für die Plätzchen:
300 g Mehl
1 leicht gehäufter Teel. Backpulver
125 g Butter · 1 großes Ei
100 g Puderzucker
1 Vanilleschote
1 Eßl. Zitronensaft · Salz
etwas Öl für die Hände
Butter für das Blech
18 abgezogene Mandeln

Gelingt leicht • Raffiniert

Bei 18 Stück pro Stück etwa:
1100 kJ/260 kcal
2 g Eiweiß · 7 g Fett,
46 g Kohlenhydrate

- Zubereitungszeit: etwa 2 Stunden

1. Den Zucker mit 3/4 l Wasser aufkochen und den Zitronensaft dazugießen. Den Sirup so lange kochen, bis sich der Zucker aufgelöst hat. Den Sirup abkühlen lassen.

2. Das Mehl in eine Schüssel sieben und mit dem Backpulver mischen. In die Mitte eine Vertiefung drücken. Die Butter in einem Pfännchen zerlassen, abkühlen lassen und in die Mehlmulde gießen. Das Ei mit dem Puderzucker verquirlen. Die Vanilleschote mit einem spitzen Messer längs aufschlitzen und das Mark herauskratzen. Das Ei mit dem Puderzucker, dem Zitronensaft, Salz und dem Vanillemark zu dem Mehl geben. Alles schnell zu einem glatten, geschmeidigen Teig verkneten. Der Teig soll relativ weich sein.

3. Den Backofen auf 175° vorheizen.

4. Die Hände mit dem Öl einreiben, damit der Teig nicht festklebt. Aus dem Teig etwa walnußgroße Bällchen formen.

5. Das Backblech mit Butter ausfetten und die Teigkugeln im Abstand von etwa 5 cm auf das Blech setzen. In jedes Bällchen eine Mandel mit der Spitze nach oben stecken. Die Plätzchen im vorgeheizten Backofen (Mitte) etwa 40 Minuten backen. Die noch heißen Plätzchen in den Sirup tauchen. Wenn sie sich vollgesogen haben, auf einer Kuchenplatte anrichten.

Im Bild oben: Mandeldessert
Im Bild unten: Zuckerplätzchen in Sirup

Spritzkuchen

Tulumba tatlısı

Die in Sirup getränkten Spritzkuchen eignen sich gut als Dessert, Sie können sie aber auch zum Tee reichen.

Zutaten für etwa 30 Stück:

Für den Sirup:
350 g Zucker
Saft von 1/2 Zitrone

Für die Spritzkuchen:
70 g Hartweizengrieß
180 g Mehl
Salz
1 Eßl. Zucker
20 g Butter
4 Eier
25 g Stärkemehl
1 l Sonnenblumenöl zum Ausbacken

Zum Garnieren:
50 g gemahlene Pistazien

Braucht etwas Zeit

Bei 30 Stück pro Stück etwa:
610 kJ/150 kcal
2 g Eiweiß · 7 g Fett
19 g Kohlenhydrate

- Zubereitungszeit: etwa 1 1/2 Stunden

1. 1/2 l Wasser mit dem Zukker und dem Zitronensaft in einem Topf verrühren und kochen, bis sich der Zucker aufgelöst hat. Den dünnflüssigen Sirup abkühlen lassen. Inzwischen den Grieß und das Mehl mischen. 1/4 l Wasser mit etwas Salz, dem Zucker und der Butter aufkochen. Den Topf von der Kochstelle nehmen.

2. Den Grieß und das Mehl dazugeben und sofort unterrühren. Die Masse so lange unter ständigem Rühren erhitzen, bis ein dicker Kloß entstanden ist. In einer Schüssel abkühlen lassen. Die Eier und das Stärkemehl dazugeben und alles mit einem elektrischen Handrührgerät zu einem glatten Teig verarbeiten.

3. Das Öl in einem Fritiertopf oder einer Friteuse erhitzen. Eine Teigportion in einen Spritzbeutel mit großer gezackter Tülle füllen, 4–5 cm lange Streifen herausdrücken. Den Teig über dem Topf mit einer Küchenschere abschneiden. Nach und nach den gesamten Teig in dem heißen Öl hellgelb ausbacken.

4. Die Spritzkuchen auf Küchenpapier legen und entfetten. Nacheinander in den Sirup tauchen, damit sie sich vollsaugen können. Auf einer Platte anrichten. Mit den Pistazien bestreut servieren.

Karamelisierter Reispudding

Kazandibi

Diese Süßspeise läßt man absichtlich leicht anbrennen, um eine leckere Karamelschicht zu erhalten.

Zutaten für 4 Personen:
1 l Milch
150 g Zucker
160 g Reismehl
1 Päckchen Vanillezucker
30 g Butter
40 g Puderzucker
1 Eßl. Rosenwasser (griechisches oder türkisches Spezialgeschäft)
2 Teel. Zimtpulver

Raffiniert • Für Gäste

Pro Portion etwa:
2300 kJ/550 kcal
11 g Eiweiß · 15 g Fett
91 g Kohlenhydrate

- Zubereitungszeit: etwa 45 Minuten

1. Die Milch in einen Topf gießen. Den Zucker mit dem Reismehl und dem Vanillezucker mischen und in die Milch rühren. Die Milch unter ständigem Rühren erhitzen und 3–4 Minuten kochen lassen. Die Speise zum Abkühlen beiseite stellen. Die Butter zerlassen.

2. Eine flache für große Hitze geeignete Kuchenform mit 4–5 cm hohem Rand oder eine beschichtete Pfanne mit der Butter bepinseln und gleichmäßig mit dem Puderzucker ausstreuen. Den Pudding in die Form oder Pfanne geben und vorsichtig glattstreichen. Dabei die Butter-Zucker-Schicht am Boden nicht zerstören.

3. Die Form oder die Pfanne auf der Kochstelle bei mittlerer Hitze erwärmen und so lange auf dem Herd stehen lassen, bis es nach Karamel duftet – das dauert etwa 10 Minuten. Die Form oder die Pfanne leicht schütteln, damit die untere Schicht gleichmäßig bräunt. Den Pudding etwa 5 Minuten abkühlen lassen.

4. Den Pudding mit einem Pfannenwender in quadratische Stücke von 8–10 cm Seitenlänge teilen. Die Stücke mit der karamelisierten Schicht nach oben wie eine Rolle mit zwei nach unten eingeschlagenen Seiten auf Portionsteller legen. Mit dem Rosenwasser beträufeln und mit dem Zimtpulver garnieren.

Quitten in Zuckersirup

Ayva tatlısı

Aus Quitten, die bei uns schon fast in Vergessenheit geraten sind, können Sie nach diesem Rezept ein köstliches Kompott bereiten.

Zutaten für 8 Portionen:
4 mittelgroße Quitten
300 g Zucker
Saft von 1 Zitrone
3 Nelken
100 g Crème double

Gelingt leicht
Preiswert

Pro Portion etwa:
970 kJ/230 kcal
1 g Eiweiß · 6 g Fett
44 g Kohlenhydrate

- Zubereitungszeit: etwa 1 3/4 Stunden

1. Die Quitten schälen, halbieren und das Kerngehäuse und die holzigen Teile mit einem Eßlöffel herauskratzen. Mit einem spitzen Küchenmesser Blüte und Stiel herausschneiden. Die Quitten müssen wirklich reif sein, sonst läßt sich das Kerngehäuse kaum aus dem festen Fruchtfleisch herauslösen.

2. Den Backofen auf 200° vorheizen.

3. Den Zucker in einen Topf mit 1/2 l Wasser einstreuen und die Mischung kochen, bis sich der Zucker vollständig aufgelöst hat. Den Zitronensaft und die Nelken dazugeben. Die Quittenhälften in den Sirup legen und etwa 10 Minuten bei mittlerer Hitze kochen.

4. Die Quittenhälften nebeneinander in eine Auflaufform mit etwa 5 cm hohem Rand legen und mit dem Sirup übergießen. Die Quitten im Backofen (Mitte) etwa 1 Stunde garen, bis sie weich und rötlich sind. Abkühlen lassen.

5. Die Quittenhälften mit der Rundung nach unten auf Desserttellern anrichten. In die mittlere Aushöhlung je 1 Teelöffel Crème double füllen, etwas Sirup angießen und das Dessert kalt servieren.

Sauerkirschmarmelade

Vişne reçeli

Diese Marmelade ähnelt einem dickflüssigen Sirup. Das Aroma der Früchte entfaltet sich darin besonders gut, und ich kann mir kaum etwas Köstlicheres vorstellen als frisch gebackenes Fladenbrot mit hausgemachtem »reçel« und einem guten Glas Tee.

Zutaten für 2 Marmeladengläser:
500 g Sauerkirschen
500 g feiner Kristallzucker
Saft von 1 Zitrone

Gelingt leicht
Braucht etwas Zeit

Pro Glas etwa:
4800 kJ/1100 kcal
3 g Eiweiß · 1 g Fett
280 g Kohlenhydrate

- Zeit zum Saftziehen für die Kirschen: etwa 2 Stunden
- Zubereitungszeit: etwa 1 Stunde

1. Die Sauerkirschen waschen, die Stiele entfernen, die Steine vorsichtig herauslösen. Den dabei austretenden Saft auffangen. Die Kirschen mit dem Saft in einen großen Topf geben und mit dem Zukker vermengen. Alles zugedeckt etwa 2 Stunden ziehen lassen.

2. Den Zitronensaft zu den Kirschen geben und alles zum Kochen bringen. Immer wieder umrühren, damit die Masse nicht ansetzt. Die Marmelade etwa 20 Minuten einkochen lassen, bis sie dickflüssig geworden ist. Die richtige Konsistenz testen: 1 Tropfen der Marmelade auf eine Untertasse fallen lassen. Die kleine Flüssigkeitsperle darf sich nicht ausbreiten. Eventuell die Masse noch etwas einkochen lassen und den Test wiederholen.

3. Die Marmelade sofort in Gläser füllen. Diese mit Twist-off-Deckeln fest verschließen. Die Gläser etwa 10 Minuten mit dem Deckel nach unten stehen lassen, dann umdrehen und kühl aufbewahren.

Im Bild oben: Quitten in Zuckersirup
Im Bild unten: Sauerkirschmarmelade

Joghurtgetränk
Ayran

Dieses erfrischende und gesunde Getränk genießt man in der Türkei zu fast jeder Tageszeit, vor allem zu den Mahlzeiten.

Zutaten für 4 Personen:
500 g säuerlicher Joghurt
Salz

Gelingt leicht

Pro Portion etwa:
320 kJ/76 kcal
4 g Eiweiß · 4 g Fett
5 g Kohlenhydrate

- Zubereitungszeit: etwa 10 Minuten

1. Den Joghurt in einer Schüssel mit 1/2 l sehr kaltem Wasser und etwas Salz mischen. Mit dem Schneebesen kräftig schlagen, bis sich auf der Oberfläche Schaum bildet.

2. In einen Krug füllen und in schlanken, hohen Gläsern servieren oder bis zum Servieren kühl stellen. Vor dem Ausschenken noch einmal gut durchrühren.

Heiße Milch mit Knabenkraut
Salep

In der kalten Jahreszeit gibt es auf den Bosporusdampfern und auch in Lokalen dieses heiße Getränk, das gegen Erkältungen helfen soll. Die wichtigste Zutat ist Salep, ein aus Knollen des Knabenkrautes erzeugtes weißes Pulver. Da Knabenkraut bei uns unter Naturschutz steht, empfehle ich Maranta-Stärke aus kultiviertem Knabenkraut.

Zutaten für 4 Personen:
50 g Maranta-Stärke (Apotheke)
50 g Maisstärke
100 g Zucker
1 1/4 l Milch
1/2 Teel. Zimtpulver

Schnell

Pro Portion etwa:
1400 kJ/330 kcal
9 g Eiweiß · 10 g Fett
49 g Kohlenhydrate

- Zubereitungszeit: etwa 20 Minuten

1. Die Maranta-Stärke, die Maisstärke und den Zucker in ein Schüsselchen geben und mit wenig Wasser zu einer glatten Paste verquirlen.

2. Die Milch in einen Topf schütten und erhitzen. Die Paste nach und nach in die heiße Milch einrühren. Alles unter ständigem Rühren zum Kochen bringen. Den Topf von der Kochstelle nehmen. Noch etwa 3 Minuten weiterrühren, bis das Getränk leicht sämig wird.

3. Das heiße Getränk auf 4 Becher verteilen und mit dem Zimtpulver bestreut servieren.

Anisschnaps
Rakı

Mohammed hat den Moslems zwar den Alkoholgenuß untersagt, doch ist im Koran nur von Wein die Rede, denn zur Zeit des Propheten gab es das aus Weintrauben und Anissamen destillierte Getränk noch nicht. So gehört Rakı heute zu jeder festlichen Mahlzeit. Der Schnaps wird nur verdünnt und nie ohne Zugabe getrunken.

Zutaten für 1 Glas Rakı:
4 cl Rakı
2 Eiswürfel

Für Gäste

Pro Portion etwa:
360 kJ/86 kcal
0 g Eiweiß · 0 g Fett
0 g Kohlenhydrate

- Zubereitungszeit: etwa 5 Minuten

1. Den Anisschnaps in ein hohes Glas füllen, die Eiswürfel dazugeben und mit der doppelten Menge sehr kaltem Wasser auffüllen. Das Getränk färbt sich milchig.

2. Ein zweites Glas mit kaltem Wasser dazustellen. Man trinkt einen Schluck vom Anisschnaps und spült mit einem Schluck Wasser nach.

Im Bild oben: Joghurtgetränk
Im Bild Mitte: Heiße Milch mit Knabenkraut
Im Bild unten: Anisschnaps

TEKEL
YENİ
RAKI

Türkischer Tee

Çay

Für die Zubereitung dieses Getränks werden zwei übereinander passende Kannen benötigt, wie es sie in den meisten türkischen Spezialgeschäften gibt. In der oberen, kleineren Kanne wird ein starker Tee-Extrakt hergestellt, in der unteren, großen Kanne wird heißes Wasser aufbewahrt, um den Extrakt auf die gewünschte Trinkstärke zu verdünnen. Dieser Tee wird in der Türkei von morgens bis abends, immer und überall getrunken.

Zutaten für etwa 1 1/2 l Tee:
4–5 gehäufte Eßl. türkischer Tee oder Ceylon-Tee
Würfelzucker

Gelingt leicht

- Zubereitungszeit: etwa 20 Minuten

1. Die untere Kanne mit Wasser füllen und das Wasser aufsetzen.

2. Sofort die Teeblätter in die obere Kanne geben, etwas kaltes Wasser angießen. Die Kanne einmal kurz schwenken, um den Teestaub zu lösen. Das Wasser durch ein Sieb abgießen. Die Kanne mit den feuchten Teeblättern zum Erwärmen auf die untere Kanne stellen.

3. Wenn das Wasser in der unteren Kanne zu sieden beginnt, die obere Kanne damit füllen. Erneut Wasser in die untere Kanne füllen und erneut zum Sieden bringen. Die Hitze auf das äußerste reduzieren, um die Kanne heiß zu halten. Den Tee etwa 10–15 Minuten ziehen lassen.

4. Teegläser je nach gewünschter Trinkstärke bis zu einem Viertel mit Extrakt füllen und mit dem Wasser aus der unteren Kanne verdünnen. Den Tee mit 1–2 Zuckerwürfeln auf dem Unterteller servieren.

Türkischer Mokka

Kahve

Türkischer Mokka ist in der ganzen Welt berühmt. Er wird hauptsächlich nach dem Essen getrunken. Für die Zubereitung benötigen Sie ein Cezve, ein langstieliges Kännchen aus verzinntem Kupfer, Aluminium oder Email. Sie erhalten es bei uns in türkischen oder griechischen Spezialgeschäften.

Zutaten für 1 Täßchen Mokka:
1 gehäufter Teel. mehlfein gemahlener türkischer Kaffee
Zucker nach Geschmack

Für Gäste

- Zubereitungszeit: etwa 10 Minuten

1. In ein Portionskännchen 1 gehäuften Teelöffel Kaffee und die gewünschte Zuckermenge geben. Mit 1 knappen Mokkatäßchen Wasser auffüllen. Einmal umrühren.

2. Eine Mokkatasse bereitstellen.

3. Das Kännchen auf den Herd setzen. Den Mokka bei großer Hitze zum Kochen bringen. Dabei bildet sich Schaum, und der Kaffee steigt hoch. Das Kännchen kurz von der Kochstelle entfernen, damit der Mokka nicht überkocht und der Schaum sich senken kann. Das Kännchen erneut aufsetzen und den Kaffee aufsteigen lassen. Den Vorgang ein drittes Mal wiederholen.

4. Den Mokka in das Täßchen gießen. Mit den übrigen Portionen ebenso verfahren. Sofort heiß servieren.

Tip!

Am besten stellen Sie jede Tasse Mokka einzeln her, um die Zuckermenge je nach Geschmack variieren zu können.

Im Bild oben: Türkischer Tee
Im Bild unten: Türkischer Mokka

Zum Gebrauch
Damit Sie die Rezepte mit bestimmten Zutaten noch schneller finden, stehen in diesem Register zusäzlich auch beliebte Zutaten wie Hackfleisch oder Joghurt – ebenfalls alphabetisch geordnet und halbfett gedruckt über den entsprechenden Rezepten.

IMPRESSUM

Umschlag-Vorderseite: Gegrillte Lammspieße mit Auberginen (Rezept Seite 44) sind typisch türkisch und entsprechen auch unserem Geschmack.

Die Deutsche Bibliothek – CIP-Einheitsaufnahme
Casparek-Türkkan, Erika: Türkisch kochen: Original-Rezepte, die leicht gelingen; und Interessantes über die Küche der Türkei / Erika Casparek-Türkkan. – München: Gräfe und Unzer, 1992
(GU-Küchen-Ratgeber)
ISBN 3-7742-1178-7

1. Auflage 1992

Redaktion: Susi Piroué
Layout: Ludwig Kaiser
Typographie: Robert Gigler
Gesamtherstellung: BuchHaus. Kraxenberger.Gigler.GmbH
Fotos: Odette Teubner, Kerstin Mosny, Erika Casparek-Türkkan (Seite 4, 5, 6, 7, 8, 9)
Umschlaggestaltung: Heinz Kraxenberger
Druck: Staudigl, Donauwörth
Bindung: Sellier, Freising
ISBN 3-7742-1178-7

Erika Casparek-Türkkan
erhielt ihre ersten kulinarischen Impulse bei ihrer rheinischen Großmutter, die in der Küche eines Landgasthofes Regie führte. Nach ihrer Ausbildung an einer Kölner Tageszeitung arbeitete sie bei der größten deutschen Kochzeitschrift in München. Sie lebt heute als freie Journalistin und Buchautorin am Starnberger See, wenn sie nicht zu Recherchen für Reiseführer oder Kochbücher im Mittelmeerraum, vor allem in der Türkei, unterwegs ist. Sachkundiger Begleiter ist dabei ihr aus Istanbul stammender Ehemann.

Odette Teubner
wurde durch ihren Vater, den international bekannten Food-Fotografen Christian Teubner, ausgebildet. Heute arbeitet sie ausschließlich im Studio für Lebensmittelfotografie Teubner. In ihrer Freizeit ist sie begeisterte Kinderporträtistin – mit dem eigenen Sohn als Modell.

Kerstin Mosny
besuchte eine Fachhochschule für Fotografie in der französischen Schweiz. Danach arbeitete sie als Assistentin bei verschiedenen Fotografen, unter anderem bei dem Food-Fotografen Jürgen Tapprich in Zürich. Seit 1985 arbeitet sie im Fotostudio Teubner.